»Was allein macht uns denn notwendig als die Liebe? Und sind Liebesgedichte nicht die reinste und notwendigste aller Wirklichkeiten; wie die Liebe selbst?

Dieses Buch wünschte ich mir als Gebrauchsbüchlein, als Vademecum. Im zeitlosen Moment, im Autostau, nach Stunden vor dem Bildschirm, Surfen im Internet, der virtuellen Überreizung unseres Lebens: der Blick, der Augen-Blick auf die traditionellen schwarzen kleinen Lettern.

Nehmen wir diese Liebesgedichte, diese Hommage an das Leben, für uns als Rätsel, um die eigene Psyche zu entschlüsseln, als Echo unserer Sehnsüchte, als geheime kleine Geschenke noch einzulösender Glückszettel.«

Sigrid Damm

insel taschenbuch 3469

Die schönsten Liebesgedichte

Die schönsten Liebesgedichte

Ausgewählt und mit einem Nachwort
versehen von Sigrid Damm

Insel Verlag

Umschlagabbildung: Gustav Klimt, Der Kuß. 1907/08
Österreichische Galerie, Wien

insel taschenbuch 3469
Erste Auflage 2009

Textnachweise am Schluß des Bandes
Vertrieb durch den Suhrkamp Taschenbuch Verlag
Einband: Michael Hagemann
Satz: Hümmer GmbH Waldbüttelbrunn
Druck: CPI – Ebner & Spiegel, Ulm
Printed in Germany
ISBN 978-3-458-35169-6

1 2 3 4 5 6 – 14 13 12 11 10 09

Die schönsten Liebesgedichte

ANONYM

Dû bist mîn, ich bin dîn:
des solt dû gewis sîn.
dû bist beslozzen
in mînem herzen:
verlorn ist daz slüzzelîn:
dû muost immer drinne sîn.

WALTHER VON DER VOGELWEIDE

um 1170 – um 1230

Under der linden an der heide,
da unser zweier bette was,
Da mugt ir vinden schone beide
gebrochen bluomen unde gras.
Vor dem walde in einem tal,
tandaradei,
schone sanc die nahtegal.

Ich kam gegangen zuo der ouwe,
do was min friedel komen e.
Da wart ich enpfangen, here frouwe,
daz ich bin saelic iemer me.
Kust er mich? wol tusentstunt,
tandaradei,
seht wie rot mir ist der munt!

Do het er g(e)machet also riche
von bluomen eine bettestat.
Des wirt noch g(e)lachet innecliche,
kumt iemen an daz selbe pfat.
Bi den rosen er wol mac,
tandaradei,
merken wa mirs houbet lac.

Daz er bi mir laege, wessez iemen
(nu enwelle got!), so schamt ich mich.

Wes er mit mir pflaege   niemer niemen
bevinde daz wan er unde ich,
Und ein kleinez vogellin,
tandaradei,
daz mac wol getriuwe sin.

ANONYM

Chume, chume, geselle min,
ih enbite harte din!
ih enbite harte din,
chum, chum, geselle min!

Suzer roservarwer munt,
chum vnde mache mich gesunt!
chum vnde mache mich gesunt,
suzer roservarwer munt!

Ich hört' ein Sichelein rauschen

Ich hört' ein Sichelein rauschen,
Wohl rauschen durch das Korn,
Ich hört' eine feine Magd klagen:
Sie hätt' ihr Lieb verlorn.

»Laß rauschen, Lieb, laß rauschen!
Ich acht' nit, wie es geh';
Ich hab' mir einen Buhlen erworben
In Feiel und grünem Klee.«

»Hast du einen Buhlen erworben
In Feiel und grünem Klee,
So steh' ich hie alleine,
Tut meinem Herzen weh.«

MARTIN OPITZ

1597-1639

Lied

Ach, Liebste, laß uns eilen, wir haben Zeit:
Es schadet das Verweilen uns beiderseit.
Der schönen Schönheit Gaben fliehn Fuß für Fuß,
daß alles, was wir haben, verschwinden muß.
Der Wangen Zier verbleichet, das Haar wird greis,
der Äuglein Feuer weichet, die Flamm wird Eis.
Das Mündlein von Korallen wird ungestalt,
die Händ als Schnee verfallen, und du wirst alt.
Drum laß uns jetzt genießen der Jugend Frucht,
eh dann wir folgen müssen der Jahre Flucht.
Wo du dich selber liebest, so liebe mich,
gib mir, daß, wann du gibest, verlier auch ich.

Itzund kommt die Nacht herbei,
Vieh und Menschen werden frei,
die gewünschte Ruh geht an,
mein Sorge kommt heran.

Schöne glänzt der Mondenschein
und die güldnen Sternelein,
froh ist alles weit und breit,
ich nur bin in Traurigkeit.

Zweene manglen überall
an der schönen Sternen Zahl,
die zween Sternen, so ich mein,
sind der Liebsten Äugelein.

Nach dem Monden frag ich nicht,
dunkel ist der Sternen Licht,
weil sich von mir weggewendt,
Asteris, mein Firmament.

Wann sich aber naht zu mir
dieser meiner Sonnen Zier,
acht ich es das beste sein,
daß kein Stern noch Monde schein.

FRIEDRICH VON LOGAU

1604-1655

Wie willst du weiße Lilien

Wie willst du weiße Lilien
Zu roten Rosen machen?
Küß eine weiße Galatee:
Sie wird errötend lachen.

SIMON DACH

1605-1659

Ännchen von Tharau

Ännchen von Tharau ist, die mir gefällt,
Sie ist mein Leben, mein Gut und mein Geld.

Ännchen von Tharau hat wieder ihr Herz
Auf mich gerichtet in Lieb und in Schmerz.

Ännchen von Tharau, mein Reichtum, mein Gut,
Du meine Seele, mein Fleisch und mein Blut.

Käm alles Wetter gleich auf uns zu schlahn,
Wir sind gesinnt, beieinander zu stahn.

Krankheit, Verfolgung, Betrübnis und Pein
Soll unsrer Liebe Verknotigung sein.

Recht als ein Palmenbaum über sich steigt,
Je mehr ihn Hagel und Regen anficht:

So wird die Lieb in uns mächtig und grot,
Durch Kreuz, durch Leiden, durch allerlei Not.

Würdest du gleich einmal von mir getrennt,
Lebtest da, wo man die Sonne kaum kennt:

Ich will dir folgen durch Wälder, durch Meer,
Durch Eis, durch Eisen, durch feindliches Heer.

Ännchen von Tharau, mein Licht, meine Sonn,
Mein Leben schließ ich um deines herum.

Multa meum gaudia pectus agunt

Was ist zu erreichen
hie in dieser Zeit,
das sich möchte gleichen
meiner Fröhlichkeit,
nun ich mein Verlangen
kühnlich mag umfangen
und mit meines Lebens Zier
einen Reihen führ?

Aller Pracht auf Erden
ist nur Rauch und Wind
neben den Geberden,
die du trägst, mein Kind.
Nicht die güldne Sonne
macht mir solche Wonne,
solchen Glanz befind ich nicht
an des Mondes Licht.

Hier in diesen Armen,
in dem Freudensaal,
hoff ich zu erwarmen

tausend-, tausendmal;
hier in diesem Herzen
end ich meine Schmerzen,
diese Brust soll meiner Pein
Niederlage sein.

Mit den schönen Händen,
welche Marmor ziert,
will sie mir verpfänden
alles, was sie führt;
auf dem süßen Munde
soll ich manche Stunde
künftig weiden meinen Geist,
der sich mir entreißt.

Liebste, laß uns leben!
Sei mein Trost in Not!
Ich will dir mich geben
auch bis in den Tod.
Fleuch, das rechte Lieben
länger aufzuschieben!
Fort! hab ich doch Recht dazu,
was ich mit dir tu!

Mai-Liedchen

Festinetur Hymen dum vernas flore iuventae

Komm, Dorinde, laß uns eilen,
nimm der Zeiten Güt in acht!
Angesehen, daß Verweilen
selten großen Nutz gebracht,
aber weislich fortgesetzt,
hat so manches Paar ergetzt.

Wir sind in den Frühlingsjahren,
laß uns die Gelegenheit
vorn ergreifen bei den Haaren,
sehn auf diese Maienzeit,
da sich Himmel, See und Land
knüpfen in ein Heiratband.

Wenn sich die Natur verjünget,
liegt in Liebe krank und wund,
alles sich zu nehmen zwinget,
tut sie frei dem Menschen kund:
Daß sich Er, die kleine Welt,
billig nach der großen hält.

Still zu sein von Feld und Büschen,
von dem leichten Heer der Luft,
da sich jedes will vermischen,
jedes seinesgleichen ruft,
hört man in den Wäldern nicht,
wie sich Baum und Baum bespricht?

An den Birken, an den Linden
und den Eichen nimmt man wahr,
wie sich Äst in Äste binden,
alles machet offenbar
durch das Rauschen, so es übt,
daß es sei, wie wir, verliebt.

Lust betrübt, die man verscheubet.
Dieser Eifer, dieser Brand,
diese Jugend, so uns treibet,
hat nicht ewig den Bestand,
zeigt sich wind- und vogelleicht,
ist geflügelt, kömmt und weicht.

PAUL FLEMING

1609-1640

An die Nacht, als er bei ihr wachete

Wie aber eilst du so, du meiner Schmerzen Rast?
Deucht michs doch, daß ich kaum auf eine Viertelstunde
allhier gesessen bin bei diesem Rosenmunde,
der meinen machet blaß; so merk ich, daß du fast

dich an die Hälfte schon von uns entzogen hast.
Kehr um und halte Fuß und gib uns Zeit zum Bunde,
den wir hier richten auf von ganzem Herzengrunde,
kehr um und sei bei uns ein nicht so kurzer Gast.

Dein Sohn, der sanfte Schlaf, schleicht durch das stille Haus
und streut die leise Saat der Träume häufig aus,
darmit du länger kannst bei unsrer Lust verweilen.

Verhüll uns in ein Tuch, bis daß das dunkle Licht
des halben Morgens dir durch deine Kleider bricht,
denn es ist Zeit, daß wir mit dir von hinnen eilen.

Wie er wolle geküsset sein

Nirgends hin als auf den Mund:
da sinkts in des Herzen Grund;
nicht zu frei, nicht zu gezwungen,
nicht mit gar zu fauler Zungen.

Nicht zu wenig, nicht zu viel:
beides wird sonst Kinderspiel.
Nicht zu laut und nicht zu leise:
beider Maß ist rechte Weise.

Nicht zu nahe, nicht zu weit:
dies macht Kummer, jenes Leid.
Nicht zu trucken, nicht zu feuchte,
wie Adonis Venus reichte.

Nicht zu harte, nicht zu weich,
bald zugleich, bald nicht zugleich.
Nicht zu langsam, nicht zu schnelle,
nicht ohn Unterscheid der Stelle.

Halb gebissen, halb gehaucht,
halb die Lippen eingetaucht,
nicht ohn Unterscheid der Zeiten,
mehr alleine denn bei Leuten.

Küsse nun ein jedermann,
wie er weiß, will, soll und kann!
Ich nur und die Liebste wissen,
wie wir uns recht sollen küssen.

ANDREAS GRYPHIUS

1616-1664

An Eugenien

Ich finde mich allein und leb in Einsamkeit,
ob ich schon nicht versteckt in ungeheure Wüsten,
in welchen Tigertier und wilde Vögel nisten.
Ich finde mich allein, vertieft in herbes Leid;
auch mitten unter Volk, das ob der neuen Zeit
des Friedens sich ergetzt in jauchzenvollen Lüsten,
find ich mich doch allein. Wir, die einander küßten
in unverfälschter Gunst, sind leider nur zu weit.
Ich finde mich allein und einsam und betrübet,
weil sie so fern von mir, mein Alles und mein Ich,
ohn die mir auf dem Kreis der Erden nichts beliebet.
Doch tritt ihr wertes Bild mir stündlich vor Gesichte.
Sollt' ich denn einsam sein? Ihr Bild begleitet mich.
Was kann sie, wenn ihr Bild mein Trauren macht zunichte!

CHRISTIAN HOFMANN VON HOFMANNSWALDAU

1617-1679

Die Wollust

Die Wollust bleibet doch der Zucker dieser Zeit,
was kann uns mehr denn sie den Lebenslauf versüßen?
Sie lässet trinkbar Gold in unsre Kehle fließen
und öffnet uns den Schatz beperlter Lieblichkeit,
in Tuberosen kann sie Schnee und Eis verkehren
und durch das ganze Jahr die Frühlingszeit gewähren.

Es schaut uns die Natur als rechte Kinder an,
sie schenkt uns ungespart den Reichtum ihrer Brüste,
sie öffnet einen Saal voll zimmetreicher Lüste,
wo aus der Menschen Wunsch Erfüllung quellen kann.
Sie legt als Mutter uns die Wollust in die Armen
und läßt durch Lieb und Wein den kalten Geist erwarmen.

Nur das Gesetze will allzu tyrannisch sein,
es zeiget jederzeit ein widriges Gesichte,
es macht des Menschen Lust und Freiheit ganz zunichte
und flößt für süßen Most uns Wermuttropfen ein;
es untersteht sich, uns die Augen zu verbinden
und alle Lieblichkeit aus unser Hand zu winden.

Die Ros entblößet nicht vergebens ihre Pracht,
Jesmin will nicht umsonst uns in die Augen lachen,

sie wollen unser Lust sich dienst- und zinsbar machen.
Der ist sein eigen Feind, der sich zu plagen tracht;
wer vor die Schwanenbrust ihm Dornen will erwählen,
dem muß es an Verstand und reinen Sinnen fehlen.

Was nutzet endlich uns doch Jugend, Kraft und Mut,
wenn man den Kern der Welt nicht reichlich will genüßen
und dessen Zuckerstrom läßt unbeschifft verschüßen.
Die Wollust bleibet doch der Menschen höchstes Gut,
wer hier zu Segel geht, dem wehet das Gelücke
und ist verschwenderisch mit seinem Liebesblicke.

Wer Epikuren nicht für seinen Lehrer hält,
der hat den Weltgeschmack und allen Witz verloren,
es hat ihr die Natur als Stiefsohn ihn erkoren,
er muß ein Unmensch sein und Scheusal dieser Welt.
Der meisten Lehrer Wahn erregte Zwang und Schmerzen,
was Epikur gelehrt, das kitzelt noch die Herzen.

ANONYM

Willst du dein Herz mir schenken

Willst du dein Herz mir schenken,
So fang es heimlich an,
Dass unser beider Denken
Niemand erraten kann.
Die Liebe muss bei beiden
Allzeit verschwiegen sein,
Drum schliess die grössten Freuden
In deinem Herzen ein.

Behutsam sei und schweige
Und traue keiner Wand,
Lieb innerlich und zeige
Dich aussen unbekannt.
Kein Argwohn musst du geben,
Verstellung nötig ist,
Genug, dass du, mein Leben,
Der Treu versichert bist.

Begehre keine Blicke
Von meiner Liebe nicht.
Der Neid hat viele Tücke
Auf unsern Bund gericht!
Du musst die Brust verschliessen,
Halt deine Neigung ein,
Die Lust, die wir geniessen,
Muss ein Geheimnis sein.

Zu frei sein, sich ergehen,
Hat oft Gefahr gebracht.
Man muss sich wohl verstehen,
Weil ein falsch Auge wacht.
Du musst den Spruch bedenken,
Den ich vorher getan:
Willst du dein Herz mir schenken,
So fang es heimlich an.

ANGELUS SILESIUS

1624-1677

Je liebender, je seliger

Das Maß der Seligkeit mißt dir die Liebe ein;
je völler du von Lieb, je selger wirst du sein

JOHANN CHRISTIAN GÜNTHER

1695-1723

Das Feld der Lüste

Eröffne mir das Feld der Lüste,
Entschleuß die wollustschwangre Schoß,
Gib mir die schönen Lenden bloß,
Bis sich des Mondes Neid entrüste!
Der Nacht ist unsrer Lust bequem,
Die Sterne schimmern angenehm
Und buhlen uns nur zum Exempel.
Drum gib mir der Verliebten Kost,
Ich schenke dir der Wollust Most
Zum Opfer in der Keuschheit Tempel.

An seine Schöne

Was vor Rosen, schöner Engel,
Laufen durch dein Angesicht,
Da mein Vorwitz einen Stengel
Von den reinen Lilien bricht,
Die in deinem Wollustgarten
Auf die Hand des Bräutgams warten?

Doch warum würkt mein Erkühnen
Einen solchen Streit in dir?
Scham und Zorn verwirrt die Mienen

Deiner angebornen Zier,
Und ich kann aus deinen Sternen
Meines Unglücks Zukunft lernen.

Aber, ach, verdient mein Scherzen
Wohl dergleichen Tyrannei,
Daß mein Bildnüs deinem Herzen
Ewiglich ein Greuel sei?
Nein, ich will es noch nicht hoffen,
Daß mein Argwohn eingetroffen.

Schau nur selbst, die zarten Brüste
Blicken mich so liebreich an,
Daß ich nach der Milch gelüste
Und mich kaum enthalten kann,
Bei so wohlbestellten Sachen
Dich noch einmal rot zu machen.

Hemme, schönes Kind, dein Schelten
Und vergib die Freveltat;
Laß auch nicht den Mund entgelten,
Was die Hand verbrochen hat!
Ich will, einen Griff zu büßen,
Dich zur Strafe zehnmal küssen.

Die verworfene Liebe

Ich habe genug.
Lust, Flammen und Küsse
Sind giftig und süße
Und machen nicht klug.
Komm, selige Freiheit, und dämpfe den Brand,
Der meinem Gemüte die Weisheit entwand.

Was hab ich getan!
Jetzt seh ich die Triebe
Der törichten Liebe
Vernünftiger an;
Ich breche die Fessel, ich löse mein Herz
Und hasse mit Vorsatz den zärtlichen Schmerz.

Was quält mich vor Reu?
Was stört mir vor Kummer
Den nächtlichen Schlummer?
Die Zeit ist vorbei.
O köstliches Kleinod, o teurer Verlust!
O hätt ich die Falschheit nur eher gewußt!

Geh, Schönheit, und fleuch!
Die artigsten Blicke
Sind schmerzliche Stricke;
Ich merke den Streich.
Es lodern die Briefe, der Ring bricht entzwei
Und zeigt meiner Schönen: Nun leb ich recht frei.

Nun leb ich recht frei
Und schwöre von Herzen,
Daß Küssen und Scherzen
Ein Narrenspiel sei;
Denn wer sich verliebet, der ist wohl nicht klug.
Geh, falsche Sirene, ich habe genug!

MATTHIAS CLAUDIUS

1740-1815

Der Tod und das Mädchen

Das Mädchen:

Vorüber! Ach vorüber!
Geh wilder Knochenmann!
Ich bin noch jung, geh Lieber!
Und rühre mich nicht an.

Der Tod:

Gib deine Hand, du schön und zart Gebild!
Bin Freund, und komme nicht, zu strafen.
Sei gutes Muts! ich bin nicht wild,
Sollst sanft in meinen Armen schlafen!

GOTTFRIED AUGUST BÜRGER

1747-1794

Gabriele

O wie schön ist Gabriele,
O wie schön, an Seel' und Leib!
Öfters ahndet meiner Seele,
Diese sei kein Erdenweib.
Fast verklärt, wie Himmelsbräute,
Ist sie fehllos ganz und gar.
Heiliger und schöner war
Nur die Hochgebenedeite
Die den Heiland uns gebar.

VOLKSLIED

Wenn ich ein Vöglein wär,
Und auch zwey Flüglein hätt',
Flög ich zu dir;
Weil es aber nicht kann seyn,
Bleib ich allhier.

Bin ich gleich weit von dir,
Bin ich doch im Schlaf bey dir,
Und red' mit dir:
Wenn ich erwachen thu,
Bin ich allein.

Es vergeht keine Stund' in der Nacht,
Da mein Herze nicht erwacht,
Und an dich gedenkt,
Daß du mir viel tausendmal
Dein Herz geschenkt.

JAKOB MICHAEL REINHOLD LENZ

1751-1792

Fühl alle Lust fühl alle Pein
Zu lieben und geliebt zu sein
So kannst du hier auf Erden
Schon ewig selig werden.

Urania

Du kennst mich nicht
Wirst nie mich kennen
Wirst nie mich nennen
Mit Flammen im Gesicht.

Ich kenne dich
Und kann dich missen –
Ach mein Gewissen
Was peinigest du mich?

Dich missen? Nein
Für mich geboren –
Für mich verloren?
Bei Gott es kann nicht sein.

Sei hoch dein Freund
Und groß und teuer –
Doch, ist er treuer
Als dieser der hier weint?

Und dir mißfällt –
O Nachtgedanken!!
Kenn ihn, den Kranken
Sein Herz ist eine Welt.

Aus ihren Augen lacht die Freude,
Auf ihren Lippen blüht die Lust,
Und unterm Amazonenkleide
Hebt Mut und Stolz und Drang die Brust:
Doch unter Locken, welche fliegen
Um ihrer Schultern Elfenbein,
Verrät ein Seitenblick beim Siegen
Den schönen Wunsch besiegt zu sein.

JOHANN WOLFGANG VON GOETHE

1749-1832

Woher sind wir geboren?
Aus Lieb.
Wie wären wir verloren?
Ohn Lieb.
Was hilft uns überwinden?
Die Lieb.
Kann man auch Liebe finden?
Durch Lieb.
Was läßt uns lange weinen?
Die Lieb.
Was soll uns stets vereinen?
Die Lieb.

Der König in Thule

Es war ein König in Thule
Gar treu bis an das Grab,
Dem sterbend seine Buhle
Einen goldnen Becher gab.

Es ging ihm nichts darüber,
Er leert' ihn jeden Schmaus;
Die Augen gingen ihm über,
Sooft er trank daraus.

Und als er kam zu sterben,
Zählt' er seine Städt' im Reich',
Gönnt' alles seinen Erben,
Den Becher nicht zugleich.

Er saß beim Königsmahle,
Die Ritter um ihn her,
Auf hohem Vätersaale,
Dort auf dem Schloß am Meer.

Dort stand der alte Zecher,
Trank letzte Lebensglut,
Und warf den heilgen Becher
Hinunter in die Flut.

Er sah ihn stürzen, trinken
Und sinken tief ins Meer.
Die Augen täten ihm sinken;
Trank nie einen Tropfen mehr.

Warum gabst du uns die tiefen Blicke,
Unsre Zukunft ahndungsvoll zu schaun,
Unsrer Liebe, unserm Erdenglücke
Wähnend selig nimmer hinzutraun?
Warum gabst uns, Schicksal, die Gefühle,
Uns einander in das Herz zu sehn,
Um durch all die seltenen Gewühle
Unser wahr Verhältnis auszuspähn?

Ach, so viele tausend Menschen kennen,
Dumpf sich treibend, kaum ihr eigen Herz,
Schweben zwecklos hin und her und rennen
Hoffnungslos in unversehnen Schmerz;
Jauchzen wieder wenn der schnellen Freuden
Unerwart'te Morgenröte tagt.
Nur uns armen Liebevollen beiden
Ist das wechselseitige Glück versagt,
Uns zu lieben, ohn uns zu verstehen,
In dem andern sehn, was er nie war,
Immer frisch auf Traumglück auszugehen
Und zu schwanken auch in Traumgefahr.

Glücklich, den ein leerer Traum beschäftigt!
Glücklich, dem die Ahndung eitel wär!
Jede Gegenwart und jeder Blick bekräftigt
Traum und Ahndung leider uns noch mehr.
Sag, was will das Schicksal uns bereiten?
Sag, wie band es uns so rein genau?
Ach, du warst in abgelebten Zeiten
Meine Schwester oder meine Frau.

Kanntest jeden Zug in meinem Wesen,
Spähtest, wie die reinste Nerve klingt,
Konntest mich mit Einem Blicke lesen,
Den so schwer ein sterblich Aug durchdringt;
Tropftest Mäßigung dem heißen Blute,
Richtetest den wilden irren Lauf,
Und in deinen Engelsarmen ruhte
Die zerstörte Brust sich wieder auf;

Hieltest zauberleicht ihn angebunden
Und vergaukeltest ihm manchen Tag.
Welche Seligkeit glich jenen Wonnestunden,
Da er dankbar dir zu Füßen lag,
Fühlt sein Herz an deinem Herzen schwellen,
Fühlte sich in deinem Auge gut,
Alle seine Sinnen sich erhellen
Und beruhigen sein brausend Blut!
Und von allem dem schwebt ein Erinnern
Nur noch um das ungewisse Herz,
Fühlt die alte Wahrheit ewig gleich im Innern,
Und der neue Zustand wird ihm Schmerz.
Und wir scheinen uns nur halb beseelet,
Dämmernd ist um uns der hellste Tag.
Glücklich, daß das Schicksal, das uns quälet,
Uns doch nicht verändern mag!

An den Mond

Füllest wieder Busch und Tal
Still mit Nebelglanz,
Lösest endlich auch einmal
Meine Seele ganz,

Breitest über mein Gefild
Lindernd deinen Blick,
Wie des Freundes Auge mild
Über mein Geschick.

Jeden Nachklang fühlt mein Herz
Froh- und trüber Zeit,
Wandle zwischen Freud und Schmerz
In der Einsamkeit.

Fließe, fließe, lieber Fluß!
Nimmer werd ich froh,
So verrauschte Scherz und Kuß
Und die Treue so.

Ich besaß es doch einmal,
Was so köstlich ist!
Daß man doch zu seiner Qual
Nimmer es vergißt!

Rausche, Fluß, das Tal entlang,
Ohne Rast und Ruh,
Rausche, flüstre meinem Sang
Melodien zu,

Wenn du in der Winternacht
Wütend überschwillst
Oder um die Frühlingspracht
Junger Knospen quillst.

Selig, wer sich vor der Welt
Ohne Haß verschließt,
Einen Freund am Busen hält
Und mit dem genießt,

Was, von Menschen nicht gewußt
Oder nicht bedacht,
Durch das Labyrinth der Brust
Wandelt in der Nacht.

In tausend Formen magst du dich verstecken,
Doch, Allerliebste, gleich erkenn' ich dich;
Du magst mit Zauberschleiern dich bedecken,
Allgegenwärt'ge, gleich erkenn' ich dich.

An der Zypresse reinstem, jungem Streben,
Allschöngewachsne, gleich erkenn' ich dich;
In des Kanales reinem Wellenleben,
Allschmeichelhafte, wohl erkenn' ich dich.

Wenn steigend sich der Wasserstrahl entfaltet,
Allspielende, wie froh erkenn' ich dich;
Wenn Wolke sich gestaltend umgestaltet,
Allmannigfalt'ge, dort erkenn' ich dich.

An des geblümten Schleiers Wiesenteppich,
Allbuntbesternte, schön erkenn' ich dich;
Und greift umher ein tausendarm'ger Eppich,
O Allumklammernde, da kenn' ich dich.

Wenn am Gebirg' der Morgen sich entzündet,
Gleich, Allerheiternde, begrüß' ich dich;
Dann über mir der Himmel rein sich ründet,
Allherzerweiternde, dann atm' ich dich.

Was ich mit äußerm Sinn, mit innerm kenne,
Du Allbelehrende, kenn' ich durch dich;
Und wenn ich Allahs Namenhundert nenne,
Mit jedem klingt ein Name nach für dich.

Gingo biloba

Dieses Baums Blatt, der von Osten
Meinem Garten anvertraut,
Gibt geheimen Sinn zu kosten,
Wie's den Wissenden erbaut.

Ist es *ein* lebendig Wesen,
Das sich in sich selbst getrennt?
Sind es zwei, die sich erlesen,
Daß man sie als *eines* kennt?

Solche Frage zu erwidern,
Fand ich wohl den rechten Sinn:
Fühlst du nicht an meinen Liedern,
Daß ich *eins* und doppelt bin?

Nähe des Geliebten

Ich denke dein, wenn mir der Sonne Schimmer
vom Meere strahlt;
Ich denke dein, wenn sich des Mondes Flimmer
in Quellen malt.

Ich sehe dich, wenn auf dem fernen Wege
der Staub sich hebt;
In tiefer Nacht, wenn auf dem schmalen Stege
der Wandrer bebt.

Ich höre dich, wenn dort mit dumpfem Rauschen
die Welle steigt;
Im stillen Haine geh' ich oft zu lauschen,
wenn alles schweigt.

Ich bin bei dir, du seist auch noch so ferne,
du bist mir nah!
Die Sonne sinkt, bald leuchten mir die Sterne.
O wärst du da!

Selige Sehnsucht

Sagt es niemand, nur den Weisen,
Weil die Menge gleich verhöhnet,
Das Lebendge will ich preisen
Das nach Flammentod sich sehnet.

In der Liebesnächte Kühlung,
Die dich zeugte, wo du zeugtest,
Überfällt dich fremde Fühlung,
Wenn die stille Kerze leuchtet.

Nicht mehr bleibest du umfangen
In der Finsternis Beschattung,

Und dich reißet neu Verlangen
Auf zu höherer Begattung.

Keine Ferne macht dich schwierig,
Kommst geflogen und gebannt,
Und zuletzt, des Lichts begierig,
Bist du Schmetterling verbrannt.

Und so lang du das nicht hast,
Dieses: Stirb und werde!
Bist du nur ein trüber Gast
Auf der dunklen Erde.

Froh empfind' ich mich nun auf klassischem Boden begeistert;
Vor- und Mitwelt spricht lauter und reizender mir.
Hier befolg' ich den Rat, durchblättre die Werke der Alten
Mit geschäftiger Hand, täglich mit neuem Genuß.
Aber die Nächte hindurch hält Amor mich anders beschäftigt;
Werd' ich auch halb nur gelehrt, bin ich doch doppelt beglückt.
Und belehr' ich mich nicht, indem ich des lieblichen Busens
Formen spähe, die Hand leite die Hüften hinab?
Dann versteh' ich den Marmor erst recht; ich denk' und vergleiche,
Sehe mit fühlendem Aug', fühle mit sehender Hand.
Raubt die Liebste denn gleich mir einige Stunden des Tages,

Gibt sie Stunden der Nacht mir zur Entschädigung hin.
Wird doch nicht immer geküßt, es wird vernünftig gesprochen;
Überfällt sie der Schlaf, lieg' ich und denke mir viel.
Oftmals hab' ich auch schon in ihren Armen gedichtet,
Und des Hexameters Maß, leise mit fingernder Hand,
Ihr auf den Rücken gezählt. Sie atmet in lieblichem Schlummer,
Und es durchglühet ihr Hauch mir bis ins Tiefste die Brust.
Amor schüret die Lamp' indes und denket der Zeiten,
Da er den nämlichen Dienst seinen Triumvirn getan.

FRIEDRICH HÖLDERLIN

1770-1843

Lebenslauf

Hoch auf strebte mein Geist, aber die Liebe zog
  Schön ihn nieder; das Leid beugt ihn gewaltiger;
    So durchlauf ich des Lebens
      Bogen und kehre, woher ich kam.

Sokrates und Alcibiades

»Warum huldigest du, heiliger Sokrates,
  Diesem Jünglinge stets? kennest du Größers nicht?
    Warum siehet mit Liebe,
      Wie auf Götter, dein Aug' auf ihn?«

Wer das Tiefste gedacht, liebt das Lebendigste,
  Hohe Jugend versteht, wer in die Welt geblickt
    Und es neigen die Weisen
      Oft am Ende zu Schönem sich.

Der Abschied
Zweite Fassung

Trennen wollten wir uns? wähnten es gut und klug?
  Da wirs taten, warum schröckte, wie Mord, die Tat?
    Ach! wir kennen uns wenig,
      Denn es waltet ein Gott in uns.

Den verraten? ach ihn, welcher uns alles erst,
  Sinn und Leben erschuf ihn, den beseelenden
    Schutzgott unserer Liebe,
      Dies, dies Eine vermag ich nicht.

Aber anderen Fehl denket der Weltsinn sich,
  Andern ehernen Dienst übt er und anders Recht,
    Und es listet die Seele
      Tag für Tag der Gebrauch uns ab.

Wohl! ich wußt' es zuvor. Seit die gewurzelte
  Ungestalte die Furcht Götter und Menschen trennt,
    Muß, mit Blut sie zu sühnen,
      Muß der Liebenden Herz vergehn.

Laß mich schweigen! o laß nimmer von nun an mich
  Dieses Tödliche sehn, daß ich im Frieden doch
    Hin ins Einsame ziehe,
      Und noch unser der Abschied sei!

Reich die Schale mir selbst, daß ich des rettenden
  Heilgen Giftes genug, daß ich des Lethetranks
    Mit dir trinke, daß alles
      Haß und Liebe vergessen sei!

Hälfte des Lebens

Mit gelben Birnen hänget
Und voll mit wilden Rosen
Das Land in den See,
Ihr holden Schwäne,
Und trunken von Küssen
Tunkt ihr das Haupt
Ins heilignüchterne Wasser.

Weh mir, wo nehm' ich, wenn
Es Winter ist, die Blumen, und wo
Den Sonnenschein,
Und Schatten der Erde?
Die Mauern stehn
Sprachlos und kalt, im Winde
Klirren die Fahnen.

Menons Klagen um Diotima

I

Täglich geh' ich heraus, und such' ein Anderes immer,
Habe längst sie befragt alle die Pfade des Lands;
Droben die kühlenden Höhn, die Schatten alle besuch' ich,
Und die Quellen; hinauf irret der Geist und hinab,
Ruh' erbittend; so flieht das getroffene Wild in die Wälder,
Wo es um Mittag sonst sicher im Dunkel geruht;
Aber nimmer erquickt sein grünes Lager das Herz ihm,

Jammernd und schlummerlos treibt es der Stachel umher.
Nicht die Wärme des Lichts, und nicht die Kühle der Nacht hilft,
Und in Wogen des Stroms taucht es die Wunden umsonst.
Und wie ihm vergebens die Erd' ihr fröhliches Heilkraut
Reicht, und das gärende Blut keiner der Zephyre stillt,
So, ihr Lieben! auch mir, so will es scheinen, und niemand
Kann von der Stirne mir nehmen den traurigen Traum?

II

Ja! es frommet auch nicht, ihr Todesgötter! wenn einmal
Ihr ihn haltet, und fest habt den bezwungenen Mann,
Wenn ihr Bösen hinab in die schaurige Nacht ihn genommen,
Dann zu suchen, zu flehn, oder zu zürnen mit euch,
Oder geduldig auch wohl im furchtsamen Banne zu wohnen,
Und mit Lächeln von euch hören das nüchterne Lied.
Soll es sein, so vergiß dein Heil, und schlummere klanglos!
Aber doch quillt ein Laut hoffend im Busen dir auf,
Immer kannst du noch nicht, o meine Seele! noch kannst du's
Nicht gewohnen, und träumst mitten im eisernen Schlaf!
Festzeit hab' ich nicht, doch möcht' ich die Locke bekränzen;

Bin ich allein denn nicht? aber ein Freundliches muß
Fernher nahe mir sein, und lächeln muß ich und staunen,
Wie so selig doch auch mitten im Leide mir ist.

III

Licht der Liebe! scheinest du denn auch Toten, du goldnes!
Bilder aus hellerer Zeit leuchtet ihr mir in die Nacht?
Liebliche Gärten seid, ihr abendrötlichen Berge,
Seid willkommen und ihr, schweigende Pfade des Hains,
Zeugen himmlischen Glücks, und ihr, hochschauende Sterne,
Die mir damals so oft segnende Blicke gegönnt!
Euch, ihr Liebenden auch, ihr schönen Kinder des Maitags,
Stille Rosen und euch, Lilien, nenn' ich noch oft!
Wohl gehn Frühlinge fort, ein Jahr verdränget das andre,
Wechselnd und streitend, so tost droben vorüber die Zeit
Über sterblichem Haupt, doch nicht vor seligen Augen,
Und den Liebenden ist anderes Leben geschenkt.
Denn sie alle die Tag' und Jahre der Sterne, sie waren
Diotima! um uns innig und ewig vereint;

IV

Aber wir, zufrieden gesellt, wie die liebenden Schwäne,
Wenn sie ruhen am See, oder, auf Wellen gewiegt,
Niedersehn in die Wasser, wo silberne Wolken sich spiegeln,
Und ätherisches Blau unter den Schiffenden wallt,

So auf Erden wandelten wir. Und drohte der Nord auch,
Er, der Liebenden Feind, klagenbereitend, und fiel
Von den Ästen das Laub, und flog im Winde der Regen,
Ruhig lächelten wir, fühlten den eigenen Gott
Unter trautem Gespräch; in Einem Seelengesange,
Ganz in Frieden mit uns kindlich und freudig allein.
Aber das Haus ist öde mir nun, und sie haben mein Auge
Mir genommen, auch mich hab' ich verloren mit ihr.
Darum irr' ich umher, und wohl, wie die Schatten, so muß ich
Leben, und sinnlos dünkt lange das Übrige mir.

V

Feiern möcht' ich; aber wofür? und singen mit Andern,
Aber so einsam fehlt jegliches Göttliche mir.
Dies ist's, dies mein Gebrechen, ich weiß, es lähmet ein Fluch mir
Darum die Sehnen, und wirft, wo ich beginne, mich hin,
Daß ich fühllos sitze den Tag, und stumm wie die Kinder,
Nur vom Auge mir kalt öfters die Träne noch schleicht,
Und die Pflanze des Felds, und der Vögel Singen mich trüb macht,
Weil mit Freuden auch sie Boten des Himmlischen sind,
Aber mir in schaudernder Brust die beseelende Sonne,
Kühl und fruchtlos mir dämmert, wie Strahlen der Nacht,

Ach! und nichtig und leer, wie Gefängniswände, der Himmel
Eine beugende Last über dem Haupte mir hängt!

VI

Sonst mir anders bekannt! o Jugend, und bringen Gebete
Dich nicht wieder, dich nie? führet kein Pfad mich zurück?
Soll es werden auch mir, wie den Götterlosen, die vormals
Glänzenden Auges doch auch saßen an seligem Tisch',
Aber übersättiget bald, die schwärmenden Gäste,
Nun verstummet, und nun, unter der Lüfte Gesang,
Unter blühender Erd' entschlafen sind, bis dereinst sie
Eines Wunders Gewalt sie, die Versunkenen, zwingt,
Wiederzukehren, und neu auf grünendem Boden zu wandeln. –
Heiliger Othem durchströmt göttlich die lichte Gestalt,
Wenn das Fest sich beseelt, und Fluten der Liebe sich regen,
Und vom Himmel getränkt, rauscht der lebendige Strom,
Wenn es drunten ertönt, und ihre Schätze die Nacht zollt,
Und aus Bächen herauf glänzt das begrabene Gold. –

VII

Aber o du, die schon am Scheidewege mir damals,
Da ich versank vor dir, tröstend ein Schöneres wies,
Du, die Großes zu sehn, und froher die Götter zu singen,

Schweigend, wie sie, mich einst stille begeisternd gelehrt;
Götterkind! erscheinest du mir, und grüßest, wie einst, mich,
Redest wieder, wie einst, höhere Dinge mir zu?
Siehe! weinen vor dir, und klagen muß ich, wenn schon noch,
Denkend edlerer Zeit, dessen die Seele sich schämt.
Denn so lange, so lang auf matten Pfaden der Erde
Hab' ich, deiner gewohnt, dich in der Irre gesucht,
Freudiger Schutzgeist! aber umsonst, und Jahre zerrannen,
Seit wir ahnend um uns glänzen die Abende sahn.

VIII

Dich nur, dich erhält dein Licht, o Heldin! im Lichte,
Und dein Dulden erhält liebend, o Gütige, dich;
Und nicht einmal bist du allein; Gespielen genug sind,
Wo du blühest und ruhst unter den Rosen des Jahrs;
Und der Vater, er selbst, durch sanftumatmende Musen
Sendet die zärtlichen Wiegengesänge dir zu.
Ja! noch ist sie es ganz! noch schwebt vom Haupte zur Sohle,
Stillherwandelnd, wie sonst, mir die Athenerin vor.
Und wie, freundlicher Geist! von heitersinnender Stirne
Segnend und sicher dein Strahl unter die Sterblichen fällt;
So bezeugest du mir's, und sagst mir's, daß ich es andern
Wiedersage, denn auch Andere glauben es nicht,

Daß unsterblicher doch, denn Sorg' und Zürnen, die Freude
Und ein goldener Tag täglich am Ende noch ist.

IX

So will ich, ihr Himmlischen! denn auch danken, und endlich
Atmet aus leichter Brust wieder des Sängers Gebet.
Und wie, wenn ich mit ihr, auf sonniger Höhe mit ihr stand,
Spricht belebend ein Gott innen vom Tempel mich an.
Leben will ich denn auch! schon grünt's! wie von heiliger Leier
Ruft es von silbernen Bergen Apollons voran!
Komm! es war wie ein Traum! Die blutenden Fittige sind ja
Schon genesen, verjüngt leben die Hoffnungen all.
Großes zu finden, ist viel, ist viel noch übrig, und wer so
Liebte, gehet, er muß, gehet zu Göttern die Bahn.
Und geleitet ihr uns, ihr Weihestunden! ihr ernsten,
Jugendlichen! o bleibt, heilige Ahnungen, ihr
Fromme Bitten! und ihr Begeisterungen und all ihr
Guten Genien, die gerne bei Liebenden sind;
Bleibt so lange mit uns, bis wir auf gemeinsamem Boden
Dort, wo die Seligen all niederzukehren bereit,
Dort, wo die Adler sind, die Gestirne, die Boten des Vaters,
Dort, wo die Musen, woher Helden und Liebende sind,
Dort uns, oder auch hier, auf tauender Insel begegnen,
Wo die Unsrigen erst, blühend in Gärten gesellt,
Wo die Gesänge wahr, und länger die Frühlinge schön sind,
Und von neuem ein Jahr unserer Seele beginnt.

FRIEDRICH VON SCHLEGEL

1772-1829

Erscheinung

O wie lieb' ich die Sachen,
Die mit mir spielen!
O wie bunt sind die Kinder,
Die mit mir fliegen!

Sie scheinen mich zu hüten,
Und geben Süßes.
Ich sehe, daß ich glänze,
Und habe Flügel.

NOVALIS
(FRIEDRICH VON HARDENBERG)

1772-1801

Hymnen an die Nacht

Hinüber wall ich,
Und jede Pein
Wird einst ein Stachel
Der Wollust sein.
Noch wenig Zeiten,
So bin ich los
Und liege trunken
Der Lieb im Schoß.
Unendliches Leben
Wogt mächtig in mir,
Ich schaue von oben
Herunter nach dir.
An jenem Hügel
Verlischt dein Glanz –
Ein Schatten bringet
Den kühlenden Kranz.
O! sauge, Geliebter,
Gewaltig mich an,
Daß ich entschlummern
Und lieben kann.
Ich fühle des Todes
Verjüngende Flut,
Zu Balsam und Äther

Verwandelt mein Blut –
Ich lebe bei Tage
Voll Glauben und Mut
Und sterbe die Nächte
In heiliger Glut.

Walzer

Hinunter die Pfade des Lebens gedreht
Pausiert nicht, ich bitt euch so lang es noch geht
Drückt fester die Mädchen ans klopfende Herz
Ihr wißt wie flüchtig ist Jugend und Scherz.

Laßt fern von uns Zanken und Eifersucht sein
Und nimmer die Stunden mit Grillen entweihn
Dem Schutzgeist der Liebe nur gläubig vertraut
Es findet noch jeder gewiß eine Braut.

CLEMENS BRENTANO

1778-1842

Ich weiß

Ich weiß wohl, was du liebst in mir:
Es ist die Glut in meiner Brust,
Es ist die zauberhafte Zier
Der tief geheimen innern Lust,
Die strahlt aus mir und ruft zu dir:
Schließ mich in einen Felsenstein,
So ruf ich dich durch Mark und Bein:
Komm, lebe, liebe, stirb bei mir,
Du mußt, du mußt!

Hörst du, wie die Brunnen rauschen,
Hörst du, wie die Grille zirpt?
Stille, stille, laß uns lauschen;
Selig, wer in Träumen stirbt.

Selig, wen die Wolken wiegen,
Wem der Mond ein Schlaflied singt!
O wie selig kann der fliegen,
Dem der Traum die Flügel schwingt,

Daß an blauer Himmelsdecke
Sterne er wie Blumen pflückt:
Schlafe, träume, flieg, ich wecke
Bald dich auf und bin beglückt!

VOLKSLIED

Ach wie ists möglich dann,
Daß ich dich lassen kann,
Hab dich von Herzen lieb,
Das glaube mir!
Du hast das Herze mein
So sehr genommen ein,
Daß ich kein' Andern lieb,
Liebe so sehr.

Obschon das Glück nicht wollt,
Daß ich dein werden sollt,
So lieb ich dennoch dich,
Glaub's sicherlich!
Es soll kein Andrer sein,
Der mich soll nehmen ein,
Als du, o schönstes Kind,
Dir bleib ich treu!

Stoß mir das Herz entzwei,
Wenn du ein falsche Treu
Oder nur falsche Lieb
Spürest an mir!
Dir will ich jederzeit
Zu Diensten sein bereit,
Bis daß ich kommen werd
Unter die Erd.

Nach meinem Tod alsdann,
Auf daß du denkst daran,
Nimm an der Todtenbahr
Dieß Reimlein wahr:
Hier liegt begraben drein
Die dich geliebt allein,
Die dich geliebet hat
Bis in das Grab.

VOLKSLIED

Es waren zwei Edelkönigs-Kinder,
Die beiden, die hatten sich lieb,
Beisammen konnten sie dir nit kommen,
Das Wasser war viel zu tief.

»Ach Liebchen, könntest du schwimmen,
So schwimme doch her zu mir,
Drei Kerzlein wollt ich dir anstecken,
Die sollten auch leuchten dir.«

Da saß ein loses Nönnechen,
Das tat, als wenn es schlief,
Es tat die Kerzlein ausblasen,
Der Jüngling vertrank so tief.

»Ach Mutter, herzliebste Mutter,
Wie tut mir mein Häuptchen so weh;
Könnt ich ein kleine Weile
Spazierengehn längs der See.«

»Ach Tochter, herzliebste Tochter,
Allein sollst du da nit gehn,
Weck auf deine jüngste Schwester
Und laß sie mit dir gehn.«

»Ach Mutter, herzliebste Mutter,
Mein Schwester ist noch ein Kind,
Sie pflückt ja all die Blumen,
Die in dem grünen Wald sind.

Ach Mutter, herzliebste Mutter,
Wie tut mir mein Häuptchen so weh.
Könnt ich eine kleine Weile
Spazierengehn längs der See.«

»Ach Tochter, herzliebste Tochter,
Allein sollst du da nit gehn,
Weck auf deinen jüngsten Bruder
Und laß ihn mit dir gehn.«

»Ach Mutter, herzliebste Mutter,
Mein Bruder ist noch ein Kind,
Er fängt ja alle die Hasen,
Die in dem grünen Wald sind.«

Die Mutter und die ging schlafen,
Die Tochter ging ihren Gang,
Sie ging so lange spazieren,
Bis sie ein Fischer fand.

Den Fischer sah sie fischen:
»Fisch mir ein verdientes rot Gold,
Fisch mir doch einen Toten,
Er ist ein Edelkönigs-Kind.«

Der Fischer fischte so lange,
Bis er den Toten fand,
Er griff ihn bei den Haaren
Und schleift ihn an das Land.

Sie nahm ihn in ihre Arme
Und küßt ihm seinen Mund:
»Adieu, mein Vater und Mutter,
Wir sehn uns nimmermehr.«

KAROLINE VON GÜNDERODE

1780-1806

Liebe

O reiche Armuth! Gebend, seliges Empfangen!
In Zagheit Muth! in Freiheit doch gefangen.
    In Stummheit Sprache,
    Schüchtern bei Tage,
    Siegend mit zaghaftem Bangen.

Lebendiger Tod, im Einen sel'ges Leben
Schwelgend in Noth, im Widerstand ergeben.
    Genießend schmachten,
    Nie satt betrachten
Leben im Traum und doppelt Leben.

Hochrot

Du innig Rot,
Bis an den Tod
Soll meine Lieb dir gleichen,
Soll nimmer bleichen,
Bis an den Tod,
Du glühend Rot,
Soll sie dir gleichen.

ADELBERT VON CHAMISSO

1781-1838

Frauen-Liebe und -Leben

Seit ich ihn gesehen,
glaub' ich blind zu sein;
wo ich hin nur blicke,
seh' ich ihn allein;
wie im wachen Traume
schwebt sein Bild mir vor,
taucht aus tiefstem Dunkel
heller nur empor.

Sonst ist licht- und farblos
alles um mich her,
nach der Schwestern Spiele
nicht begehr' ich mehr,
möchte lieber weinen
still im Kämmerlein;
seit ich ihn gesehen,
glaub' ich blind zu sein.

LUDWIG UHLAND

1787-1862

Seliger Tod

Gestorben war ich
Vor Liebeswonne;
Begraben lag ich
In ihren Armen;
Erwecket ward ich
Von ihren Küssen;
Den Himmel sah ich
In ihren Augen.

Bauernregel

Im Sommer such ein Liebchen dir
In Garten und Gefild!
Da sind die Tage lang genug,
Da sind die Nächte mild.

Im Winter muß der süße Bund
Schon fest geschlossen sein,
So darfst nicht lange stehn im Schnee
Bei kaltem Mondenschein.

Die Fahrt zur Geliebten

O brich nicht Steg, du zitterst sehr!
O stürz nicht Fels, du dräuest schwer!
Welt, geh nicht unter, Himmel, fall nicht ein,
Eh ich mag bei der Liebsten sein!

JOSEPH FREIHERR VON EICHENDORFF

1788-1857

Frühlingsnacht

Übern Garten durch die Lüfte
Hört ich Wandervögel ziehn,
Das bedeutet Frühlingsdüfte,
Unten fängt's schon an zu blühn.

Jauchzen möcht ich, möchte weinen,
Ist mir's doch, als könnt's nicht sein!
Alte Wunder wieder scheinen
Mit dem Mondesglanz herein.

Und der Mond, die Sterne sagen's,
Und in Träumen rauscht's der Hain,
Und die Nachtigallen schlagen's:
Sie ist Deine, sie ist dein!

Das zerbrochene Ringlein

In einem kühlen Grunde,
Da geht ein Mühlenrad,
Mein Liebste ist verschwunden,
Die dort gewohnet hat.

Sie hat mir Treu versprochen,
Gab mir ein'n Ring dabei,
Sie hat die Treu gebrochen,
Mein Ringlein sprang entzwei.

Ich möcht als Spielmann reisen
Weit in die Welt hinaus
Und singen meine Weisen
Und gehn von Haus zu Haus.

Ich möcht als Reiter fliegen
Wohl in die blut'ge Schlacht,
Um stille Feuer liegen
Im Feld bei dunkler Nacht.

Hör ich das Mühlrad gehen
Ich weiß nicht, was ich will –
Ich möcht am liebsten sterben,
Da wär's auf einmal still!

ANNETTE VON DROSTE-HÜLSHOFF

1797-1848

An Levin Schücking

Kein Wort, und wär es scharf wie Stahles Klinge,
Soll trennen, was in tausend Fäden eins,
So mächtig kein Gedanke, daß er dringe
Vergällend in den Becher reinen Weins;
Das Leben ist so kurz, das Glück so selten,
So großes Kleinod, einmal sein statt gelten!

Hat das Geschick uns, wie in frevlem Witze,
Auf feindlich starre Pole gleich erhöht,
So wisse, dort, dort auf der Scheidung Spitze
Herrscht, König über alle, der Magnet,
Nicht fragt er, ob ihn Fels und Strom gefährde,
Ein Strahl fährt mitten er durchs Herz der Erde.

Blick in mein Auge – ist es nicht das deine,
Ist nicht mein Zürnen selber deinem gleich?
Du lächelst – und dein Lächeln ist das meine,
An gleicher Lust und gleichem Sinnen reich;
Worüber alle Lippen freundlich scherzen,
Wir fühlen heil'ger es im eignen Herzen.

Pollux und Kastor – wechselnd Glühn und Bleichen,
Des einen Licht geraubt dem andern nur,
Und doch der allerfrömmsten Treue Zeichen. –

So reiche mir die Hand, mein Dioskur!
Und mag erneuern sich die holde Mythe,
Wo überm Helm die Zwillingsflamme glühte.

HEINRICH HEINE

1797-1856

Ich weiß nicht, was soll es bedeuten

Ich weiß nicht, was soll es bedeuten,
Daß ich so traurig bin;
Ein Märchen aus alten Zeiten,
Das kommt mir nicht aus dem Sinn.

Die Luft ist kühl und es dunkelt,
Und ruhig fließt der Rhein;
Der Gipfel des Berges funkelt
Im Abendsonnenschein.

Die schönste Jungfrau sitzet
Dort oben wunderbar,
Ihr goldnes Geschmeide blitzet,
Sie kämmt ihr goldenes Haar.

Sie kämmt es mit goldenem Kamme,
Und singt ein Lied dabei;
Das hat eine wundersame,
Gewaltige Melodei.

Den Schiffer im kleinen Schiffe
Ergreift es mit wildem Weh;
Er schaut nicht die Felsenriffe,
Er schaut nur hinauf in die Höh.

Ich glaube, die Wellen verschlingen
Am Ende Schiffer und Kahn:
Und das hat mit ihrem Singen
Die Lorelei getan.

Mein süßes Lieb, wenn du im Grab

Mein süßes Lieb, wenn du im Grab,
Im dunkeln Grab wirst liegen,
Dann will ich steigen zu dir hinab,
Und will mich an dich schmiegen.

Ich küsse, umschlinge und presse dich wild,
Du Stille, du Kalte, du Bleiche!
Ich jauchze, ich zittre, ich weine mild,
Ich werde selber zur Leiche.

Die Toten stehn auf, die Mitternacht ruft,
Sie tanzen im luftigen Schwarme;
Wir beide bleiben in der Gruft,
Ich liege in deinem Arme.

Die Toten stehn auf, der Tag des Gerichts
Ruft sie zu Qual und Vergnügen;
Wir beide bekümmern uns um nichts,
Und bleiben umschlungen liegen.

Ein Jüngling liebt ein Mädchen

Ein Jüngling liebt ein Mädchen,
Die hat einen andern erwählt;
Der andre liebt eine andre,
Und hat sich mit dieser vermählt.

Das Mädchen heiratet aus Ärger
Den ersten besten Mann,
Der ihr in den Weg gelaufen;
Der Jüngling ist übel dran.

Es ist eine alte Geschichte,
Doch bleibt sie immer neu;
Und wem sie just passieret,
Dem bricht das Herz entzwei.

Wenn ich in deine Augen seh

Wenn ich in deine Augen seh,
So schwindet all mein Leid und Weh;
Doch wenn ich küsse deinen Mund,
So werd ich ganz und gar gesund.

Wenn ich mich lehn an deine Brust,
Kommt's über mich wie Himmelslust;
Doch wenn du sprichst: »Ich liebe dich!«
So muß ich weinen bitterlich.

Worte! Worte! Keine Taten!

Worte! Worte! keine Taten!
Niemals Fleisch, geliebte Puppe,
Immer Geist und keinen Braten,
Keine Knödel in der Suppe!

Doch vielleicht ist dir zuträglich
Nicht die wilde Lendenkraft,
Welche galoppieret täglich
Auf dem Roß der Leidenschaft.

Ja, ich fürchte fast, es riebe,
Zartes Kind, dich endlich auf
Jene wilde Jagd der Liebe,
Amors Steeple-chase-Wettlauf.

Viel gesünder, glaub ich schier,
Ist für dich ein kranker Mann
Als Liebhaber, der gleich mir
Kaum ein Glied bewegen kann.

Deshalb unsrem Herzensbund,
Liebste, widme deine Triebe;
Solches ist dir sehr gesund,
Eine Art Gesundheitsliebe.

Der Tod, das ist die kühle Nacht,
Das Leben ist der schwüle Tag.
Es dunkelt schon, mich schläfert,
Der Tag hat mich müd' gemacht.

Über mein Bett erhebt sich ein Baum,
Drin singt die junge Nachtigall;
Sie singt von lauter Liebe.
Ich hör' es sogar im Traum.

EDUARD MÖRIKE

1804-1875

Peregrina

I

Der Spiegel dieser treuen braunen Augen
Ist wie von innerm Gold ein Widerschein;
Tief aus dem Busen scheint er's anzusaugen,
Dort mag solch Gold in heil'gem Gram gedeihn.
In diese Nacht des Blickes mich zu tauchen,
Unwissend Kind, du selber lädst mich ein –
Willst, ich soll kecklich mich und dich entzünden,
Reichst lächelnd mir den Tod im Kelch der Sünden!

II

Aufgeschmückt ist der Freudensaal:
Lichterhell, bunt in laulicher Sommernacht
Stehet das offene Gartengezelte;
Säulengleich steigen, gepaart,
Grünumranket, eherne Schlangen,
Zwölf, mit verschlungenen Hälsen,
Tragend und stützend das
Leicht gegitterte Dach.

Aber die Braut noch wartet verborgen
In dem Kämmerlein ihres Hauses.
Endlich bewegt sich der Zug der Hochzeit,
Fackeln tragend,
Feierlich stumm.
Und in der Mitte,
Mich an der rechten Hand,
Schwarz gekleidet, geht einfach die Braut;
Schöngefaltet ein Scharlachtuch
Liegt um den zierlichen Kopf geschlagen.
Lächelnd geht sie dahin; das Mahl schon duftet.

Später im Lärmen des Fests
Stahlen wir seitwärts uns beide
Weg, nach den Schatten des Gartens wandelnd,
Wo im Gebüsche die Rosen brannten,
Wo der Mondstrahl um Lilien zuckte,
Wo die Weymouthsfichte mit schwarzem Haar
Den Spiegel des Teiches halb verhängt.

Auf seidnem Rasen dort, ach, Herz am Herzen,
Wie verschlangen, erstickten meine Küsse den scheueren Kuß!
Indes der Springquell, unteilnehmend
An überschwenglicher Liebe Geflüster,
Sich ewig des eigenen Plätscherns freute;
Uns aber neckten von fern und lockten
Freundliche Stimmen,
Flöten und Saiten umsonst.

Ermüdet lag, zu bald für mein Verlangen,
Das leichte, liebe Haupt auf meinem Schoß.
Spielender Weise mein Aug' auf ihres drückend,
Fühlt' ich ein Weilchen die langen Wimpern,
Bis der Schlaf sie stellte,
Wie Schmetterlingsgefieder auf und nieder gehn.
Eh' das Frührot schien,
Eh' das Lämpchen erlosch im Brautgemache,
Weckt' ich die Schläferin,
Führte das seltsame Kind in mein Haus ein.

III

Ein Irrsal kam in die Mondscheingärten
Einer einst heiligen Liebe.
Schaudernd entdeckt' ich verjährten Betrug.
Und mit weinendem Blick, doch grausam,
Hieß ich das schlanke,
Zauberhafte Mädchen
Ferne gehen von mir.
Ach, ihre hohe Stirn
War gesenkt, denn sie liebte mich;
Aber sie zog mit Schweigen
Fort in die graue
Welt hinaus.

Krank seitdem,
Wund ist und wehe mein Herz.
Nimmer wird es genesen!

Als ginge, luftgesponnen, ein Zauberfaden
Von ihr zu mir, ein ängstig Band,
So zieht es, zieht mich schmachtend ihr nach!
– Wie? wenn ich eines Tags auf meiner Schwelle
Sie sitzen fände, wie einst, im Morgen-Zwielicht,
Das Wanderbündel neben ihr,
Und ihr Auge, treuherzig zu mir aufschauend,
Sagte: da bin ich wieder
Hergekommen aus weiter Welt!

IV

Warum, Geliebte, denk' ich dein
Auf einmal nun mit tausend Tränen,
Und kann gar nicht zufrieden sein,
Und will die Brust in alle Weite dehnen?

Ach, gestern in dem hellen Kindersaal,
Beim Flimmer zierlich aufgesteckter Kerzen,
Wo ich mein selbst vergaß in Lärm und Scherzen,
Tratst du, o Bildnis mitleid-schöner Qual;
Es war dein Geist, er setzte sich ans Mahl,
Fremd saßen wir mit stumm verhalt'nen Schmerzen;
Zuletzt brach ich in lautes Schluchzen aus,
Und Hand in Hand verließen wir das Haus.

V

Die Liebe, sagt man, steht am Pfahl gebunden,
Geht endlich arm, zerrüttet, unbeschuht;
Dies edle Haupt hat nicht mehr, wo es ruht,
Mit Tränen netzet sie der Füße Wunden.

Ach, Peregrinen hab' ich so gefunden!
Schön war ihr Wahnsinn, ihrer Wange Glut,
Noch scherzend in der Frühlingsstürme Wut
Und wilde Kränze in das Haar gewunden.

War's möglich, solche Schönheit zu verlassen?
– So kehrt nur reizender das alte Glück!
O komm, in diese Arme dich zu fassen!

Doch weh! o weh! was soll mir dieser Blick?
Sie küßt mich zwischen Lieben noch und Hassen,
Sie kehrt sich ab und kehrt mir nie zurück.

Nimmersatte Liebe

So ist die Lieb'! So ist die Lieb'!
Mit Küssen nicht zu stillen!
Wer ist der Tor und will ein Sieb
Mit eitel Wasser füllen?
Und schöpfst du an die tausend Jahr'
Und küssest ewig, ewig gar,
Du tust ihr nie zu Willen.

Die Lieb', die Lieb' hat alle Stund'
Neu wunderlich Gelüsten;
Wir bissen uns die Lippen wund,
Da wir uns heute küßten.
Das Mädchen hielt in guter Ruh',
Wie's Lämmlein unterm Messer;
Ihr Auge bat: »Nur immer zu!
Je weher, desto besser!«

So ist die Lieb'! und war auch so,
Wie lang' es Liebe gibt,
Und anders war Herr Salomo,
Der Weise, nicht verliebt.

NIKOLAUS LENAU

1802-1850

Schilflieder

I

Drüben geht die Sonne scheiden,
Und der müde Tag entschlief.
Niederhangen hier die Weiden
In den Teich, so still, so tief.

Und ich muß mein Liebstes meiden:
Quill, o Träne, quill hervor!
Traurig säuseln hier die Weiden,
Und im Winde bebt das Rohr.

In mein stilles, tiefes Leiden
Strahlst du, Ferne! hell und mild,
Wie durch Binsen hier und Weiden
Strahlt des Abendsternes Bild.

II

Trübe wird's, die Wolken jagen,
Und der Regen niederbricht,
Und die lauten Winde klagen:
»Teich, wo ist dein Sternenlicht?«

Suchen den erloschnen Schimmer
Tief im aufgewühlten See.
Deine Liebe lächelt nimmer,
Nieder in mein tiefes Weh!

III

Auf geheimem Waldespfade
Schleich' ich gern im Abendschein
An das öde Schilfgestade,
Mädchen, und gedenke dein!

Wenn sich dann der Busch verdüstert,
Rauscht das Rohr geheimnisvoll,
Und es klaget und es flüstert,
Daß ich weinen, weinen soll.

Und ich mein', ich höre wehen
Leise deiner Stimme Klang,
Und im Weiher untergehen
Deinen lieblichen Gesang.

IV

Sonnenuntergang;
Schwarze Wolken ziehn,
O wie schwül und bang
Alle Winde fliehn!

Durch den Himmel wild
Jagen Blitze, bleich;
Ihr vergänglich Bild
Wandelt durch den Teich.

Wie gewitterklar
Mein' ich dich zu sehn,
Und dein langes Haar
Frei im Sturme wehn!

V

Auf dem Teich, dem regungslosen,
Weilt des Mondes holder Glanz,
Flechtend seine bleichen Rosen
In des Schilfes grünen Kranz.

Hirsche wandeln dort am Hügel,
Blicken in die Nacht empor;
Manchmal regt sich das Geflügel
Träumerisch im tiefen Rohr.

Weinend muß mein Blick sich senken;
Durch die tiefste Seele geht
Mir ein süßes Deingedenken,
Wie ein stilles Nachtgebet!

THEODOR STORM

1817-1888

Wer je gelebt in Liebesarmen

Wer je gelebt in Liebesarmen,
Der kann im Leben nie verarmen;
Und müßt er sterben fern, allein,
Er fühlte noch die sel'ge Stunde,
Wo er gelebt an ihrem Munde,
Und noch im Tode ist sie sein.

Hyazinthen

Fern hallt Musik; doch hier ist stille Nacht,
Mit Schlummerduft anhauchen mich die Pflanzen;
Ich habe immer, immer dein gedacht,
Ich möchte schlafen; aber du mußt tanzen.

Es hört nicht auf, es rast ohn Unterlaß;
Die Kerzen brennen und die Geigen schreien,
Es teilen und es schließen sich die Reihen,
Und alle glühen; aber du bist blaß.

Und du mußt tanzen; fremde Arme schmiegen
Sich an dein Herz; o leide nicht Gewalt!
Ich seh dein weißes Kleid vorüberfliegen
Und deine leichte, zärtliche Gestalt. – –

Und süßer strömend quillt der Duft der Nacht
Und träumerischer aus dem Kelch der Pflanzen.
Ich habe immer, immer dein gedacht;
Ich möchte schlafen; aber du mußt tanzen.

Die Nachtigall

Das macht, es hat die Nachtigall
Die ganze Nacht gesungen;
Da sind von ihrem süßen Schall,
Da sind in Hall und Widerhall
Die Rosen aufgesprungen.

Sie war doch sonst ein wildes Kind;
Nun geht sie tief in Sinnen,
Trägt in der Hand den Sommerhut
Und duldet still der Sonne Glut
Und weiß nicht, was beginnen.

Das macht, es hat die Nachtigall
Die ganze Nacht gesungen;
Da sind von ihrem süßen Schall,
Da sind in Hall und Widerhall
Die Rosen aufgesprungen.

CONRAD FERDINAND MEYER

1825-1898

Stapfen

In jungen Jahren wars. Ich brachte dich
Zurück ins Nachbarhaus, wo du zu Gast,
Durch das Gehölz. Der Nebel rieselte,
Du zogst des Reisekleids Kapuze vor
Und blicktest traulich mit verhüllter Stirn.
Naß ward der Pfad. Die Sohlen prägten sich
Dem feuchten Waldesboden deutlich ein,
Die wandernden. Du schrittest auf dem Bord,
Von deiner Reise sprechend. Eine noch,
Die längre, folge drauf, so sagtest du.
Dann scherzten wir, der nahen Trennung klug
Das Angesicht verhüllend, und du schiedst,
Dort wo der First sich über Ulmen hebt.
Ich ging denselben Pfad gemach zurück,
Leis schwelgend noch in deiner Lieblichkeit,
In deiner wilden Scheu, und wohlgemut
Vertrauend auf ein baldig Wiedersehn.
Vergnüglich schlendernd, sah ich auf dem Rain
Den Umriß deiner Sohlen deutlich noch
Dem feuchten Waldesboden eingeprägt,
Die kleinste Spur von dir, die flüchtigste,
Und doch dein Wesen: wandernd, reisehaft,
Schlank, rein, walddunkel, aber o wie süß!

Die Stapfen schritten jetzt entgegen dem
Zurück dieselbe Strecke Wandernden:

Aus deinen Stapfen hobst du dich empor
Vor meinem innern Auge. Deinen Wuchs
Erblickt ich mit des Busens zartem Bug.
Vorüber gingst du, eine Traumgestalt.
Die Stapfen wurden jetzt undeutlicher,
Vom Regen halb gelöscht, der stärker fiel.
Da überschlich mich eine Traurigkeit:
Fast unter meinem Blick verwischten sich
Die Spuren deines letzten Gangs mit mir.

DETLEV VON LILIENCRON

1844-1909

Einen Sommer lang

Zwischen Roggenfeld und Hecken
Führt ein schmaler Gang,
Süßes, seliges Verstecken
Einen Sommer lang.

Wenn wir uns von ferne sehen,
Zögert sie den Schritt,
Rupft ein Hälmchen sich im Gehen,
Nimmt ein Blättchen mit.

Hat mit Ähren sich das Mieder
Unschuldig geschmückt,
Sich den Hut verlegen nieder
In die Stirn gerückt.

Finster kommt sie langsam näher,
Färbt sich rot wie Mohn,
Doch ich bin ein feiner Späher,
Kenn die Schelmin schon.

Noch ein Blick in Weg und Weite,
Ruhig liegt die Welt,
Und es hat an ihre Seite
Mich der Sturm gesellt.

Zwischen Roggenfeld und Hecken
Führt ein schmaler Gang,
Süßes, seliges Verstecken
Einen Sommer lang.

Früh am Tage

In der Fensterluken schmale Ritzen
klemmt der Morgen seine Fingerspitzen.
Kann von meinem Mädchen mich nicht trennen,
muß mit tausend Schmeichelnamen sie benennen.

Drängt die liebe Kleine nach der Türe,
halt ich sie durch tausend Liebesschwüre.
Muß ich leider endlich selber treiben,
fällt sie wortlos um den Hals mir, möchte bleiben.

Liebster, so, nun laß mich, laß mich gehen.
Doch im Gehen bleibt sie zögernd stehen.
Noch ein letztes Horchen, letzte Winke,
und dann faßt und drückt sie leise, leis die Klinke.

Barfuß schleicht sie, daß sie keiner spüre,
und ich schließe sachte, sacht die Türe,
öffne leise, leise dann die Luken,
in die frische, schöne Morgenwelt zu gucken.

RICARDA HUCH

1864-1947

Was für ein Feuer, o was für ein Feuer
Warf in den Busen mir der Liebe Hand!
Schon setzt es meinen zarten Leib in Brand
Und wächst an deiner Brust doch ungeheuer.
Zwei Fackeln lodern nun in eins zusammen:
Die Augen, die mich anschaun, sind zwei Kerzen,
Die Lippen, die mich küssen, sind zwei Flammen,
Die Sonne selbst halt ich an meinem Herzen.

Uralter Worte kundig kommt die Nacht;
Sie löst den Dingen Rüstung ab und Bande,
Sie wechselt die Gestalten und Gewande
Und hüllt den Streit in gleiche braune Tracht.

Da rührt das steinerne Gebirg sich sacht
Und schwillt wie Meer hinüber in die Lande.
Der Abgrund kriecht verlangend bis zum Rande
Und trinkt der Sterne hingebeugte Pracht.

Ich halte dich und bin von dir umschlossen,
Erschöpfte Wandrer wiederum zu Haus;
So fühl ich dich in Fleisch und Blut gegossen,

Von deinem Leib und Leben meins umkleidet.
Die Seele ruht von langer Sehnsucht aus,
Die eins vom andern nicht mehr unterscheidet.

FRANK WEDEKIND

1864-1918

Ilse

Ich war ein Kind von fünfzehn Jahren,
Ein reines unschuldsvolles Kind,
Als ich zum erstenmal erfahren,
Wie süß der Liebe Freuden sind.

Er nahm mich um den Leib und lachte
Und flüsterte: o welch ein Glück!
Und dabei bog er sachte, sachte
Den Kopf mir auf das Pfühl zurück.

Seit jenem Tag lieb' ich sie alle,
Des Lebens schönster Lenz ist mein,
Und wenn ich keinem mehr gefalle,
Dann will ich gern begraben sein.

STEFAN GEORGE

1868-1933

Ich darf so lange nicht am tore lehnen
Zum garten durch das gitter schaun
Ich höre einer flöte fernes sehnen
Im schwarzen lorbeer lacht ein faun

So oft ich dir am roten turm begegne
Du lohnest nie mich mit gelindrem tritt
Du weisst nicht wie ich diese stunde segne
Und traurig bin da sie entglitt.

Ich leugne was ich selber mir verheissen
Auch wir besitzen einen alten ruhm
Kann ich mein tuch von haar und busen reissen
Und büssen mit verfrühtem witwentum?

O mög er ahnen meiner lippe gaben
– Ich ahnte sie seit er als traum erschien –
Die oleander die in duft begraben
Und andre leise schmeichelnd wie jasmin.

Ich darf so lange nicht am tore lehnen
Zum garten durch das gitter schaun
Ich höre einer flöte fernes sehnen
Im schwarzen lorbeer lacht ein faun.

Wenn ich heut nicht deinen leib berühre
Wird der faden meiner seele reissen
Wie zu sehr gespannte sehne.
Liebe zeichen seien trauerflöre
Mir der leidet seit ich dir gehöre.
Richte ob mir solche qual gebühre
Kühlung sprenge mir dem fieberheissen
Der ich wankend draussen lehne.

ELSE LASKER-SCHÜLER

1869-1945

Mein Liebeslied

Wie ein heimlicher Brunnen
Murmelt mein Blut,
Immer von dir, immer von mir.

Unter dem taumelnden Mond
Tanzen meine nackten, suchenden Träume,
Nachtwandelnde Kinder,
Leise über düstere Hecken.

O, deine Lippen sind sonnig ...
Diese Rauschedüfte deiner Lippen ...
Und aus blauen Dolden silberumringt
Lächelst du ... du, du.

Immer das schlängelnde Geriesel
Auf meiner Haut
Über die Schulter hinweg
Ich lausche ...

Wie ein heimlicher Brunnen
Murmelt mein Blut.

Abschied

Aber du kamst nie mit dem Abend –
Ich saß im Sternenmantel.

... Wenn es an mein Haus pochte,
War es mein eigenes Herz.

Das hängt nun an jedem Türpfosten,
Auch an deiner Tür;

Zwischen Farren verlöschende Feuerrose
Im Braun der Guirlande.

Ich färbte dir den Himmel brombeer
Mit meinem Herzblut.

Aber du kamst nie mit dem Abend –
... Ich stand in goldenen Schuhen.

Bin ja aus einem Märchenbuch
Und muß nun immer weinen.

In deinen Augen

Blau wird es in deinen Augen –
aber warum zittert all mein Herz
vor deinen Himmeln?

Nebel liegt auf meiner Wange
und mein Herz beugt sich zum Untergange.

CHRISTIAN MORGENSTERN

1871-1914

Schauder

Jetzt bist du da, dann bist du dort.
Jetzt bist du nah, dann bist du fort.
Kannst du's fassen? Und über eine Zeit
gehen wir beide die Ewigkeit
dahin-dorthin. Und was blieb? ...
Komm, schließ die Augen, und hab mich lieb!

Du bist mein Land

Du bist mein Land,
ich deine Flut,
die sehnend dich ummeeret;
du bist der Strand,
dazu mein Blut
ohn' Ende wiederkehret.

An dich geschmiegt,
mein Spiegel wiegt
das Licht der tausend Sterne;
und leise rollt
dein Muschelgold
in meine Meeresgrundferne.

Es ist Nacht

Es ist Nacht,
und mein Herz kommt zu dir,
hält's nicht aus,
hält's nicht aus mehr bei mir.

Legt sich dir auf die Brust,
wie ein Stein,
sinkt hinein,
zu dem deinen hinein.

Dort erst,
dort erst kommt es zur Ruh,
liegt am Grund
seines ewigen Du.

HUGO VON HOFMANNSTHAL

1874-1929

Weltgeheimnis

Der tiefe Brunnen weiß es wohl,
Einst waren alle tief und stumm,
Und alle wußten drum.

Wie Zauberworte, nachgelallt
Und nicht begriffen in den Grund,
So geht es jetzt von Mund zu Mund.

Der tiefe Brunnen weiß es wohl;
In den gebückt, begriffs ein Mann,
Begriff es und verlor es dann.

Und redet' irr und sang ein Lied –
Auf dessen dunklen Spiegel bückt
Sich einst ein Kind und wird entrückt.

Und wächst und weiß nichts von sich selbst
Und wird ein Weib, das einer liebt
Und – wunderbar wie Liebe gibt!

Wie Liebe tiefe Kunde gibt! –
Da wird an Dinge, dumpf geahnt,
In ihren Küssen tief gemahnt ...

In unsern Worten liegt es drin,
So tritt des Bettlers Fuß den Kies,
Der eines Edelsteins Verlies.

Der tiefe Brunnen weiß es wohl,
Einst aber wußten alle drum,
Nun zuckt im Kreis ein Traum herum.

AUGUST STRAMM

1874-1915

Trieb

Schrecken Sträuben
Wehren Ringen
Ächzen Schluchzen
Stürzen
Du!
Grellen Gehren
Winden Klammern
Hitzen Schwächen
Ich und Du!
Lösen Gleiten
Stöhnen Wellen
Schwinden Finden
Ich
Dich
Du!

RAINER MARIA RILKE

1875-1926

Liebes-Lied

Wie soll ich meine Seele halten, daß
sie nicht an deine rührt? Wie soll ich sie
hinheben über dich zu andern Dingen?
Ach gerne möcht ich sie bei irgendwas
Verlorenem im Dunkel unterbringen
an einer fremden stillen Stelle, die
nicht weiterschwingt, wenn deine Tiefen schwingen.
Doch alles, was uns anrührt, dich und mich,
nimmt uns zusammen wie ein Bogenstrich,
der aus zwei Saiten *eine* Stimme zieht.
Auf welches Instrument sind wir gespannt?
Und welcher Geiger hat uns in der Hand?
O süßes Lied.

Lösch mir die Augen aus: ich kann dich sehn,
wirf mir die Ohren zu: ich kann dich hören,
und ohne Füße kann ich zu dir gehn,
und ohne Mund noch kann ich dich beschwören.
Brich mir die Arme ab, ich fasse dich
mit meinem Herzen wie mit einer Hand,
halt mir das Herz zu, und mein Hirn wird schlagen,
und wirfst du in mein Hirn den Brand,
so werd ich dich auf meinem Blute tragen.

Östliches Taglied

Ist dieses Bette nicht wie eine Küste,
ein Küstenstreifen nur, darauf wir liegen?
Nichts ist gewiß als deine hohen Brüste,
die mein Gefühl in Schwindeln überstiegen.

Denn diese Nacht, in der so vieles schrie,
in der sich Tiere rufen und zerreißen,
ist sie uns nicht entsetzlich fremd? Und wie:
was draußen langsam anhebt, Tag geheißen,
ist das uns denn verständlicher als sie?

Man müßte so sich ineinanderlegen
wie Blütenblätter um die Staubgefäße:
so sehr ist überall das Ungemäße
und häuft sich an und stürzt sich uns entgegen.

Doch während wir uns aneinander drücken,
um nicht zu sehen, wie es ringsum naht,
kann es aus dir, kann es aus mir sich zücken:
denn unsre Seelen leben von Verrat.

An Lou Andreas-Salomé

I

Ich hielt mich überoffen, ich vergaß,
daß draußen nicht nur Dinge sind und voll
in sich gewohnte Tiere, deren Aug
aus ihres Lebens Rundung anders nicht
hinausreicht als ein eingerahmtes Bild;
daß ich in mich mit allem immerfort
Blicke hineinriß: Blicke, Meinung, Neugier.

Wer weiß, es bilden Augen sich im Raum
und wohnen bei. Ach nur zu dir gestürzt,
ist mein Gesicht nicht ausgestellt, verwächst
in dich und setzt sich dunkel
unendlich fort in dein geschütztes Herz.

II

Wie man ein Tuch vor angehäuften Atem,
nein: wie man es an eine Wunde preßt,
aus der das Leben ganz, in einem Zug,
hinauswill, hielt ich dich an mich: ich sah,
du wurdest rot von mir. Wer spricht es aus,
was uns geschah? Wir holten jedes nach,
wozu die Zeit nie war. Ich reifte seltsam
in jedem Antrieb übersprungner Jugend,
und du, Geliebte, hattest irgendeine
wildeste Kindheit über meinem Herzen.

III

Entsinnen ist da nicht genug, es muß
von jenen Augenblicken pures Dasein
auf meinem Grunde sein, ein Niederschlag
der unermeßlich überfüllten Lösung.
Denn ich *gedenke* nicht, das, was ich *bin*
rührt mich um deinetwillen. Ich erfinde
dich nicht an traurig ausgekühlten Stellen,
von wo du wegkamst; selbst, daß du nicht da bist,
ist warm von dir wirklicher und mehr
als ein Entbehren. Sehnsucht geht zu oft
ins Ungenaue. Warum soll ich mich
auswerfen, während mir vielleicht dein Einfluß
leicht ist, wie Mondschein einem Platz am Fenster.

Wir, in den ringenden Nächten,
wir fallen von Nähe zu Nähe;
und wo die Liebende taut,
sind wir ein stürzender Stein.

Lied

Du, der ichs nicht sage, daß ich bei Nacht
weinend liege,
deren Wesen mich müde macht
wie eine Wiege.
Du, die mir nicht sagt, wenn sie wacht
meinetwillen:
wie, wenn wir diese Pracht
ohne zu stillen
in uns ertrügen?

———

Sieh dir die Liebenden an,
wenn erst das Bekennen begann,
wie bald sie lügen.

———

Du machst mich allein. Dich einzig kann ich vertauschen.
Eine Weile bist dus, dann wieder ist es das Rauschen,
oder es ist ein Duft ohne Rest.
Ach, in den Armen hab ich sie alle verloren,
du nur, du wirst immer wieder geboren:
weil ich niemals dich anhielt, halt ich dich fest.

HERMANN HESSE

1877-1962

Im Nebel

Seltsam, im Nebel zu wandern!
Einsam ist jeder Busch und Stein,
Kein Baum sieht den andern,
Jeder ist allein.

Voll von Freunden war mir die Welt,
Als noch mein Leben licht war;
Nun, da der Nebel fällt,
Ist keiner mehr sichtbar.

Wahrlich, keiner ist weise,
Der nicht das Dunkel kennt,
Das unentrinnbar und leise
Von allen ihn trennt.

Seltsam, im Nebel zu wandern!
Leben ist Einsamsein.
Kein Mensch kennt den andern,
Jeder ist allein.

JOACHIM RINGELNATZ

1883-1934

Ich habe dich so lieb

Ich habe dich so lieb!
Ich würde dir ohne Bedenken
Eine Kachel aus meinem Ofen
Schenken.

Ich habe dir nichts getan.
Nun ist mir traurig zu Mut.
An den Hängen der Eisenbahn
Leuchtet der Ginster so gut.

Vorbei – verjährt –
Doch nimmer vergessen.
Ich reise.
Alles, was lange währt,
Ist leise.

Die Zeit entstellt
Alle Lebewesen.
Ein Hund bellt.
Er kann nicht lesen.
Er kann nicht schreiben.
Wir können nicht bleiben.

  Ich lache.
Die Löcher sind die Hauptsache
An einem Sieb.

Ich habe dich so lieb.

Ferngruß von Bett zu Bett

Wie ich bei dir gelegen
Habe im Bett, weißt du es noch?
Weißt du noch, wie verwegen
Die Lust uns stand? Und wie es roch?

Und all die seidenen Kissen
Gehörten deinem Mann.
Doch uns schlug kein Gewissen.
Gott weiß, wie redlich untreu
Man sein kann.

Weißt du noch, wie wir's trieben,
Was nie geschildert werden darf?
Heiß, frei, besoffen, fromm und scharf.
Weißt du, daß wir uns liebten?
Und noch lieben?

Man liebt nicht oft in solcher Weise.
Wie fühlvoll hat dein spitzer Hund bewacht.
Ja unser Glück war ganz und rasch und leise.
Nun bist du fern.
Gute Nacht.

ERNST STADLER

1883-1914

In diesen Nächten

In diesen Nächten friert mein Blut nach deinem Leib,
Geliebte.
O, meine Sehnsucht ist wie dunkles Wasser aufgestaut
vor Schleusentoren,
In Mittagstille hingelagert reglos lauernd,
Begierig, auszubrechen. Sommersturm,
Der schwer im Hinterhalt geladner Wolken hält. Wann
kommst du, Blitz,
Der ihn entfacht, mit List befrachtet, Fähre,
Die weit der Wehre starre Schenkel von sich sperrt? Ich will
Dich zu mir in die Kissen tragen sowie Garben jungen Klees
in aufgelockert Land. Ich bin der Gärtner,
Der weich dich niederbettet. Wolke, die
Dich übersprengt, und Luft, die dich umschließt.
In deine Erde will ich meine irre Glut vergraben und
Sehnsüchtig blühend über deinem Leibe auferstehn.

OSKAR LOERKE

1884-1941

Nachtmusik

Laub kam von den Bäumen
Meine Schulter betupfen,
Nicht du.
Schaum kam ans Ufer
Und wollte mein Schuhband zupfen,
Nicht du.
Sonne von gestern kam aus den Rosen,
In meinen Augen zu wohnen,
Nicht du.
Sternschnuppen hängen, wehende Schleifen,
Aus der Vergängnis Erntekronen,
Auch du.

GOTTFRIED BENN

1886-1956

Mann und Frau gehn durch die Krebsbaracke

Der Mann:
Hier diese Reihe sind zerfallene Schöße
und diese Reihe ist zerfallene Brust.
Bett stinkt bei Bett. Die Schwestern wechseln stündlich.

Komm, hebe ruhig diese Decke auf.
Sieh, dieser Klumpen Fett und faule Säfte,
das war einst irgendeinem Mann groß
und hieß auch Rausch und Heimat.

Komm, sieh auf diese Narbe an der Brust.
Fühlst du den Rosenkranz von weichen Knoten?
Fühl ruhig hin. Das Fleisch ist weich und schmerzt nicht.

Hier diese blutet wie aus dreißig Leibern.
Kein Mensch hat so viel Blut.
Hier dieser schnitt man
erst noch ein Kind aus dem verkrebsten Schoß.

Man läßt sie schlafen. Tag und Nacht. – Den Neuen
sagt man: hier schläft man sich gesund. – Nur sonntags
für den Besuch läßt man sie etwas wacher.

Nahrung wird wenig noch verzehrt. Die Rücken
sind wund. Du siehst die Fliegen. Manchmal
wäscht sie die Schwester. Wie man Bänke wäscht.

Hier schwillt der Acker schon um jedes Bett.
Fleisch ebnet sich zu Land. Glut gibt sich fort.
Saft schickt sich an zu rinnen. Erde ruft.

Dir auch –:

Dir auch –: tauschen die Nächte
dich in ein dunkleres Du,
Psyche, strömende Rechte
schluchzend dem andern zu,
ist es auch ungeheuer
und du littest genug:
Liebe ist Wein ins Feuer
aus dem Opferkrug.

Selbst du beugst dich und jeder
meint, hier sei es vollbracht,
ach, in Schattengeäder
flieht auch deine, die Nacht,
wohl den Lippen, den Händen
glühst du das reinste Licht,
doch die Träume vollenden
können wir nicht.

Nur die Stunden, die Nächte,
wo dein Atem erwacht,
Psyche, strömende Rechte,
tiefe tauschende Nacht,
ach, es ist ungeheuer,
ach, es ist nie genug
von deinem Wein im Feuer
aus dem Opferkrug.

KURT SCHWITTERS

1887-1948

An Anna Blume

Oh Du, Geliebte meiner 27 Sinne, ich liebe Dir!
Du, Deiner, Dich Dir, ich Dir, Du mir, – – – – wir?
Das gehört beiläufig nicht hierher!

Wer bist Du, ungezähltes Frauenzimmer, Du bist, bist Du?
Die Leute sagen, Du wärest.
Laß sie sagen, sie wissen nicht, wie der Kirchturm steht.

Du trägst den Hut auf Deinen Füßen und wanderst
auf die Hände,
Auf den Händen wanderst Du.

Halloh, Deine roten Kleider, in weiße Falten zersägt,
Rot liebe ich Anna Blume, rot liebe ich Dir.
Du, Deiner, Dich Dir, ich Dir, Du mir, – – – – – wir?
Das gehört beiläufig in die kalte Glut!
Anna Blume, rote Anna Blume, wie sagen die Leute?

Preisfrage:

1.) Anna Blume hat ein Vogel,
2.) Anna Blume ist rot.
3.) Welche Farbe hat der Vogel.

Blau ist die Farbe Deines gelben Haares,
Rot ist das Girren Deines grünen Vogels.
Du schlichtes Mädchen im Alltagskleid,
Du liebes grünes Tier, ich liebe Dir!
Du Deiner Dich Dir, ich Dir, Du mir, – – – – wir!
Das gehört beiläufig in die – – – Glutenkiste.
Anna Blume, Anna, A – – – – N – – – – N – – – – A!
Ich träufle Deinen Namen.
Dein Name tropft wie weiches Rindertalg.
Weißt Du es Anna, weißt Du es schon,
Man kann Dich auch von hinten lesen.
Und Du, Du Herrlichste von allen,
Du bist von hinten, wie von vorne:
A – – – – – N – – – – – – – N – – – – – – – A.
Rindertalg träufelt STREICHELN über meinen Rücken.
Anna Blume, du tropfes Tier, ich liebe Dir!

GEORG HEYM

1887-1912

Abends

Es ist ganz dunkel. Und die Küsse fallen
Wie heißer Tau im dämmernden Gemach.
Der Wollust Fackeln brennen auf und wallen
Mit roter Glut dem dunklen Abend nach.

Das Fieber jagt ihr Blut mit weißem Brand,
Daß sie sich halb schon seinem Durst gewährt.
Sie bebt auf seinem Schoß, da seine Hand
In ihrem Hemd nach ihren Brüsten fährt.

Hinten, im Vorhang, in der Dunkelheit
Steht auf das Bett, der Hafen ihrer Gier.
Wie Wolken auf dem Meere lagert breit
Darauf der Dunst von schwarzem Elixier.

Wie wird es sein? Sie friert in seinem Arm,
Der ihren nackten Leib hinüberträgt.
Es zittert auf in ihrem Schoße warm,
Um den er wild die beiden Arme schlägt.

Ihr blondes Haar brennt durch die Nacht, darein
Die tiefe Hand des feuchten Dunkels wühlt.
Der Sturm der Wollust läßt sie leise schrein,
Da seinen Biß sie in den Brüsten fühlt.

Deine Wimpern, die langen

An Hildegard K.

Deine Wimpern, die langen,
Deiner Augen dunkele Wasser,
Laß mich tauchen darein,
Laß mich zur Tiefe gehn.

Steigt der Bergmann zum Schacht
Und schwankt seine trübe Lampe
Über der Erze Tor,
Hoch an der Schattenwand,

Sieh, ich steige hinab,
In deinem Schoß zu vergessen,
Fern, was von oben dröhnt,
Helle und Qual und Tag.

An den Feldern verwächst,
Wo der Wind steht, trunken vom Korn,
Hoher Dorn, hoch und krank
Gegen das Himmelsblau.

Gib mir die Hand,
Wir wollen einander verwachsen,
Einem Wind Beute,
Einsamer Vögel Flug,

Hören im Sommer
Die Orgel der matten Gewitter,
Baden in Herbsteslicht,
Am Ufer des blauen Tags.

Manchmal wollen wir stehn
Am Rand des dunkelen Brunnens,
Tief in die Stille zu sehn,
Unsere Liebe zu suchen.

Oder wir treten hinaus
Vom Schatten der goldenen Wälder,
Groß in ein Abendrot,
Das dir berührt sanft die Stirn.

Göttliche Trauer,
Schweige der ewigen Liebe.
Hebe den Krug herauf,
Trinke den Schlaf.

Einmal am Ende zu stehen,
Wo Meer in gelblichen Flecken
Leise schwimmt schon herein
Zu der September Bucht.

Oben zu ruhn
Im Hause der durstigen Blumen,
Über die Felsen hinab
Singt und zittert der Wind.

Doch von der Pappel,
Die ragt im Ewigen Blauen,
Fällt schon ein braunes Blatt,
Ruht auf dem Nacken dir aus.

GEORG TRAKL

1887-1914

Der Herbst des Einsamen

Der dunkle Herbst kehrt ein voll Frucht und Fülle,
Vergilbter Glanz von schönen Sommertagen.
Ein reines Blau tritt aus verfallener Hülle;
Der Flug der Vögel tönt von alten Sagen.
Gekeltert ist der Wein, die milde Stille
Erfüllt von leiser Antwort dunkler Fragen.

Und hier und dort ein Kreuz auf ödem Hügel;
Im roten Wald verliert sich eine Herde.
Die Wolke wandert übern Weiherspiegel;
Es ruht des Landmanns ruhige Geberde.
Sehr leise rührt des Abends blauer Flügel
Ein Dach von dürrem Stroh, die schwarze Erde.

Bald nisten Sterne in des Müden Brauen;
In kühle Stuben kehrt ein still Bescheiden
Und Engel treten leise aus den blauen
Augen der Liebenden, die sanfter leiden.
Es rauscht das Rohr; anfällt ein knöchern Grauen,
Wenn schwarz der Tau tropft von den kahlen Weiden.

Traumwandler

Wo bist du, die mir zur Seite ging,
Wo bist du, Himmelsangesicht?
Ein rauher Wind höhnt mir ins Ohr: du Narr!
Ein Traum! Ein Traum! Du Tor!
Und doch, und doch! Wie war es einst,
Bevor ich in Nacht und Verlassenheit schritt?
Weißt du es noch, du Narr, du Tor!
Meiner Seele Echo, der rauhe Wind:
O Narr! O Tor!
Stand sie mit bittenden Händen nicht,
Ein trauriges Lächeln um den Mund,
Und rief in Nacht und Verlassenheit!
Was rief sie nur! Weißt du es nicht?
Wie Liebe klang's. Kein Echo trug
Zu ihr zurück, zu ihr dies Wort.
War's Liebe? Weh, daß ich's vergaß!
Nur Nacht um mich und Verlassenheit,
Und meiner Seele Echo – der Wind!
Der höhnt und höhnt: O Narr! O Tor!

KURT TUCHOLSKY

1890-1935

Sehnsucht nach der Sehnsucht

Erst wollte ich mich dir in Keuschheit nahn.
Die Kette schmolz.
Ich bin doch schließlich, schließlich auch ein Mann,
und nicht von Holz.

Der Mai ist da. Der Vogel Pirol pfeift.
Es geht was um.
Und wer sich dies und wer sich das verkneift,
der ist schön dumm.

Und mit der Seelenfreundschaft – liebste Frau,
hier dies Gedicht
zeigt mir und Ihnen treffend und genau:
Es geht ja nicht.

Es geht nicht, wenn die linde Luft weht und
die Amsel singt –
wir brauchen alle einen roten Mund,
der uns beschwingt.

Wir brauchen alle etwas, das das Blut
rasch vorwärts treibt –
es dichtet sich doch noch einmal so gut,
wenn man beweibt.

Doch heller noch tönt meiner Leier Klang,
wenn du versagst,
was ich entbehrte öde Jahre lang –
wenn du nicht magst.

So süß ist keine Liebesmelodie,
so frisch kein Bad,
so freundlich keine kleine Brust wie die,
die man nicht hat.

Die Wirklichkeit hat es noch nie gekonnt,
weil sie nichts hält.
Und strahlend überschleiert mir dein Blond
die ganze Welt.

NELLY SACHS

1891-1970

Ich bin meinem Heimatrecht auf der Spur
dieser Geographie nächtlicher Länder
wo die zur Liebe geöffneten Arme
gekreuzigt an den Breitengraden hängen
bodenlos in Erwartung –

Linie wie
lebendiges Haar
gezogen
todnachtgedunkelt
von dir
zu mir.

Gegängelt
außerhalb
bin ich hinübergeneigt
durstend
das Ende der Fernen zu küssen.

Der Abend
wirft das Sprungbrett
der Nacht über das Rot
verlängert deine Landzunge
und ich setze meinen Fuß zagend

auf die zitternde Saite
des schon begonnenen Todes.

Aber so ist die Liebe –

Abgewandt
warte ich auf dich
weit fort von den Lebenden weilst du
oder nahe.

Abgewandt
warte ich auf dich
denn nicht dürfen Freigelassene
mit Schlingen der Sehnsucht
eingefangen werden
noch gekrönt
mit der Krone aus Planetenstaub –

die Liebe ist eine Sandpflanze
die im Feuer dient
und nicht verzehrt wird –

Abgewandt
wartet sie auf dich –

GERTRUD KOLMAR

1894-1943

Die Verlassene

An K. J.

Du irrst dich. Glaubst du, daß du fern bist
Und daß ich dürste und dich nicht mehr finden kann?
Ich fasse dich mit meinen Augen an,
Mit diesen Augen, deren jedes finster und ein Stern ist.

Ich zieh dich unter dieses Lid
Und schließ es zu und du bist ganz darinnen.
Wie willst du gehn aus meinen Sinnen,
Dem Jägergarn, dem nie ein Wild entflieht?

Du läßt mich nicht aus deiner Hand mehr fallen
Wie einen welken Strauß,
Der auf die Straße niederweht, vorm Haus
Zertreten und bestäubt von allen.

Ich hab dich liebgehabt. So lieb.
Ich habe so geweint ... mit heißen Bitten ...
Und liebe dich noch mehr, weil ich um dich gelitten,
Als deine Feder keinen Brief, mir keinen Brief mehr schrieb.

Ich nannte Freund und Herr und Leuchtturmwächter
Auf schmalem Inselstrich,

Den Gärtner meines Früchtegartens dich,
Und waren tausend weiser, keiner war gerechter.

Ich spürte kaum, daß mir der Hafen brach,
Der meine Jugend hielt – und kleine Sonnen,
Daß sie vertropft, in Sand verronnen.
Ich stand und sah dir nach.

Dein Durchgang blieb in meinen Tagen,
Wie Wohlgeruch in einem Kleide hängt,
Den es nicht kennt, nicht rechnet, nur empfängt,
Um immer ihn zu tragen.

CARL ZUCKMAYER

1896-1977

Vergängliche Liebe

Das kleine Mal in deiner Schenkelbeuge
Ist mir so nah vertraut,
Als wär' ich deines Lebens erster Zeuge
Und hätt' als nacktes Kindlein dich erschaut.
Noch fühl' ich traumbeschneit in seligen Händen
Das Schauern deiner Haut –
Und weiß: eh sich die Wintersterne wenden,
Ist es wie Schnee zertaut.

Pocht Herz an Herz, und stammelt Mund bei Munde
Den Schwur der Ewigkeit –
Tropft schon das Blut aus jener süßen Wunde
Der zubemeßnen Zeit.
So leer den Becher bis zum bittren Grunde
Und mach dem Schmerz dich wie der Lust bereit –
Noch in dem Sturz der letzten Liebesstunde
Sei du, Vergängnis, hochgebenedeit.

BERTOLT BRECHT

1898-1956

Die Liebenden

Sieh jene Kraniche in großem Bogen!
Die Wolken, welche ihnen beigegeben
Zogen mit ihnen schon, als sie entflogen
Aus einem Leben in ein andres Leben.
In gleicher Höhe und mit gleicher Eile
Scheinen sie alle beide nur daneben.
Daß so der Kranich mit der Wolke teile
Den schönen Himmel, den sie kurz befliegen
Daß also keines länger hier verweile
Und keines andres sehe als das Wiegen
Des andern in dem Wind, den beide spüren
Die jetzt im Fluge beieinander liegen
So mag der Wind sie in das Nichts entführren
Wenn sie nur nicht vergehen und sich bleiben
So lange kann sie beide nichts berühren
So lange kann man sie von jedem Ort vertreiben
Wo Regen drohen oder Schüsse schallen.
So unter Sonn und Monds wenig verschiedenen Scheiben
Fliegen sie hin, einander ganz verfallen.
Wohin, ihr? – Nirgend hin. – Von wem davon? – Von allen.
Ihr fragt, wie lange sind sie schon beisammen?
Seit kurzem. – Und wann werden sie sich trennen? – Bald.
So scheint die Liebe Liebenden ein Halt.

I

Als ich nachher von dir ging
An dem großen Heute
Sah ich, als ich sehn anfing
Lauter lustige Leute.

Und seit jener Abendstund
Weißt schon, die ich meine
Hab ich einen schönern Mund
Und geschicktere Beine.

Grüner ist, seit ich so fühl
Baum und Strauch und Wiese
Und das Wasser schöner kühl
Wenn ich's auf mich gieße.

II

Lied einer Liebenden

Wenn du mich lustig machst
Dann denk ich manchmal:
Jetzt könnt ich sterben
Dann blieb ich glücklich
Bis an mein End.

Wenn du dann alt bist
Und du an mich denkst
Seh ich wie heut aus
Und hast ein Liebchen
Das ist noch jung.

III

Sieben Rosen hat der Strauch
Sechs gehörn dem Wind
Aber eine bleibt, daß auch
Ich noch eine find.

Sieben Male ruf ich dich
Sechsmal bleibe fort
Doch beim siebten Mal, versprich
Komme auf ein Wort.

IV

Die Liebste gab mir einen Zweig
Mit gelbem Laub daran.

Das Jahr, es geht zu Ende
Die Liebe fängt erst an.

Das elfte Sonett

Als ich dich in dies fremde Land verschickte
Sucht ich dir, rechnend mit sehr kalten Wintern
Die dicksten Hosen aus für den (geliebten) Hintern
Und für die Beine Strümpfe, gut gestrickte!

Für deine Brust und für unten am Leibe
Und für den Rücken sucht ich reine Wolle
Damit sie, was ich liebe, wärmen solle
Und etwas Wärme von dir bei mir bleibe.

So zog ich diesmal dich mit Sorgfalt an
Wie ich dich manchmal auszog (viel zu selten!
Ich wünscht, ich hätt das öfter noch getan!)

Mein Anziehn sollt dir wie ein Ausziehn gelten!
Nunmehr ist, dacht ich, alles gut verwahrt
Daß es auch nicht erkalt, so aufgespart.

Liebesunterricht

Aber, Mädchen, ich empfehle
Etwas Lockung im Gekreisch:
Fleischlich lieb ich mir die Seele
Und beseelt lieb ich das Fleisch.

Keuschheit kann nicht Wollust mindern
Hungrig wär ich gerne satt.

Mag's wenn Tugend einen Hintern
Und ein Hintern Tugend hat.

Seit der Gott den Schwan geritten
Wurd es manchem Mädchen bang
Hat sie es auch gern gelitten:
Er bestand auf Schwanensang.

Der Liebende nicht geladen

Gläser heut ungespült
Linnen heut glatt
Lächeln heut ungefühlt
Lippe heut satt.

Von den Schuhen: die großen
Auf dem Stuhl: ein Buch.
Wollene Hosen.
Man erwartet keinen Besuch.

Schwächen

Du hattest keine
Ich hatte eine:
Ich liebte.

MARIE LUISE KASCHNITZ

1901-1974

Du sollst nicht

Du sollst mir nicht zusehen wenn
Meine Fratzen den Spiegel zerschneiden
Wenn ich mich umdrehe nachts
Fensterwärts wandwärts
Und die Leintücher seufzen.

Du sollst nicht sehen wie ich mich vorwärtstaste
Blind an der Kette meiner Niederlagen
(Auch an diese kann man sich halten)
Noch anwesend sein
Wenn ich meine pathetischen Verse lese.

Einmal bedurfte es nur eines Wortes von dir
Und die Laufschritte in meinem Rücken fielen ab.
Nur deine Hand mir unter die Wange geschoben
Und ich schlief.

Wirtshausnacht

Weißherbst
Auf der Zunge
Weißherbst
Verschüttet
Mondblinke Lache
Darin
Mein Fingerglied
Abgelöst treibt
Hin her
In der einsamen Wirtshausnacht.

Ad infinitum

Alle die fortgehen
Durch die Glastür aufs Rollfeld
Durch die Bahnhofssperre
Die sich umdrehen winken
Deren Blicke zu Boden sinken
Deren Gestalten
Langsam undeutlich werden
Alle sind du.
Du stehst bei mir
Wendest dich ab gehst fort
Wirst kleiner und kleiner
Seit wann
Seit dein Tod mir am Hals hing
Mir die Kehle zudrückte

Stehst du immer wieder bei mir
Wendest dich ab gehst fort
Den Bahnsteig entlang
Rollfeldüber
Wirst kleiner und kleiner
Stehst da
Wendest dich ab
Gehst –

PETER HUCHEL

1903-1981

Von Nacht übergraut

Von Nacht übergraut
von Frühe betaut
so zogest du fort.

Du winkst und es wehn
die dämmernden Seen
im Traum noch dein Wort.

Im Sande verrollt
die Woge aus Gold.

Und winkt es auch her:
Du bist es nicht mehr.

GÜNTER EICH

1907-1972

Dezembermorgen

Rauch, quellend über die Dächer,
vom Gegenlichte gesäumt.
Ich hab in die Eisblumenfächer
deinen Namen geträumt.

Diesen Dezembermorgen
weiß ich schon einmal gelebt,
offenbar und verborgen,
wie ein Wort auf der Zunge schwebt.

Wachsen mir in die Fenster
Farne, golden von Licht,
zeigt sich im Schnee beglänzter
Name und Angesicht.

Muß ich dich jetzt nicht rufen,
weil ich dich nahe gespürt?
Über die Treppenstufen
hat sich kein Schritt gerührt.

Tango

Plötzlich bist du voll Gesicht und Namen.
Landschaft war und ungewiß der Mund,
große Flächen Haut, und ohne Rahmen
spannten aus sich Stirn und Wiesengrund.

Neig dich übers Glas, es wird nicht bleiben
dieses frühre Bild, der Mund, der war,
es verwischt sich, in der Dämmrung treiben
Wolken über dem vereinten Haar.

Deine Füße stehn im Rot des Mohnes.
Und erinnre dich an Bucht und Meer,
an das Singen eines Grammophones
und den Mond, der herbstlich war und schwer.

Du bist da. Aus blauem Grunde,
welcher Himmel ist und unerklärlich weit,
wächst dein Atem und das runde
Auge, Zwielicht, Heiterkeit.

HILDE DOMIN

1909-2006

Magere Kost

Ich lege mich hin,
ich esse nicht und ich schlafe nicht,
ich gebe meinen Blumen kein Wasser.
Es lohnt nicht den Finger zu heben.
Ich erwarte nichts.

Deine Stimme die mich umarmt hat,
es ist viele Tage her,
ich habe jeden Tag
ein kleines Stück von ihr gegessen,
ich habe viele Tage
von ihr gelebt.
Bescheiden wie die Tiere der Armen
die am Wegrand
die schütteren Halme zupfen
und denen nichts gestreut wird.

So wenig, so viel
wie die Stimme,
die mich in den Arm nimmt,
mußt du mir lassen.
Ich atme nicht
ohne die Stimme.

Änderungen

Neben meinem Kopf
ich lege ein Stück Weißbrot neben meinen Kopf
mit seinen goldenen Rändern
gieße Wein dazu
streue Salz
aus meinem Kissen wächst eine Laube
mein Bettuch wird zum Tischtuch
das Tischtuch
zum Leichentuch

Einhorn

Die Freude
dieses bescheidenste Tier
dies sanfte Einhorn
so leise
man hört es nicht
wenn es kommt, wenn es geht
mein Haustier
Freude

wenn es Durst hat
leckt es die Tränen
von den Träumen.

KARL KROLOW

1915-1999

Gewicht der Welt

Das Gewicht der Welt: ein Liebespaar,
das sich umarmt, widerlegt es.
Und wie es noch eben zusammen war,
verändert und bewegt es.

Ein blühender Baum, eine tastende Hand.
Komm wieder oder bleibe.
Der wandernde Schatten an der Wand
und das wehende Kleid am Leibe.

Das gebrochene Licht, ein Fenster, das sich
weit öffnet im dunklen Zimmer.
Und Liebesworte, geflüstert, daß ich
sie mir bewahre für immer.

Ich dachte

Ich dachte: wie Pferdehaar dick
und streng riechend,
wo es dir wächst und mir
in die Hände fällt. Ich drehe
Zöpfe unter der Achsel
und wo es noch dichter wird.

Schamhügel heißt meine Landschaft,
in der sich Finger verirren.
Sie finden das Dickicht faltig.
Es bäumt der Landstrich sich rhythmisch,
pulsiert – tiefer Wald,
in dem ich mein Gesicht vergrabe
und ganz ohne Märchen
nichts spüre als dieses Haar.

Das Unbeschreibliche

Die inhaltsreichen Jahre trocknen aus.
Die namenlose Liebe dauert an.
Es bleibt, was man nicht mehr beschreiben kann:
die Anmut, wie sie zwischen Frau und Mann
besteht in einem namenlosen Haus,

in dem die Liebe auf und unter ging,
in Wort und Schweigen, plötzlichem Verlust,
von dem man lange insgeheim gewußt
und was verschlossen war in einer Brust,
bis es so leidenschaftlich Feuer fing,

daß heller Brand ausbrach in jenem Haus,
in dem man lange namenlos gelebt
und nun nach Worten sucht, in denen bebt
das Unbeschreibliche, das sich erhebt: –
es löscht als Glück die letzten Worte aus.

Liebesgedicht

Mit halber Stimme rede ich zu dir:
Wirst du mich hören hinter dem bitteren Kräutergesicht
Des Mondes, der zerfällt?
Unter der himmlischen Schönheit der Luft,
Wenn es Tag wird,
Die Frühe ein rötlicher Fisch ist mit bebender Flosse?

Du bist schön.
Ich sage es den Feldern voll grüner Pastinaken.
Kühl und trocken ist deine Haut. Ich sage es
Zwischen den Häuserwürfeln dieser Stadt, in der ich lebe.

Dein Blick – sanft und sicher wie der eines Vogels.
Ich sage es dem schwingenden Wind.
Dein Nacken – hörst du – ist aus Luft,
Die wie eine Taube durch die Maschen des blauen
Laubes schlüpft.

Du hebst dein Gesicht.
An der Ziegelmauer erscheint es noch einmal als Schatten.
Schön bist du. Du bist schön.
Wasserkühl war mein Schlaf an deiner Seite.
Mit halber Stimme rede ich zu dir.
Und die Nacht zerbricht wie Soda, schwarz und blau.

JOHANNES BOBROWSKI

1917-1965

Liebesgedicht

Mond, Ölschwamm, Laterne
Mond – oder ein Feldgewächs,
Mond, vergeh,
Arbuse oder grün beschnörkelter
Kürbis, ich will
selber leuchten, allein,
Freundin ich will
auslöschen über dir,
nur ein Gras hoch
über dir – in einem Baum
über dem Fluß,
wenn es Morgen wird,
feucht, dort lieg ich
und atme noch.

Und ich frag dich,
die neben mir lag,
nach einem Mond
gestern, wann er verging – du
antwortest nicht, an die Wolke
streift der Lichtschein, der tönt
von deiner Stimme.

Gestern –
ich bin vergangen –
heute –
ich hab dich gehört –
und ich atme noch immer.

Einmal haben

Einmal haben
wir beide Hände voll Licht –
die Strophen der Nacht, die bewegten
Wasser treffen den Uferrand
wieder, den rauhen, augenlosen
Schlaf der Tiere im Schilf
nach der Umarmung – dann
stehen wir gegen den Hang
draußen, gegen den weißen
Himmel, der kalt
über den Berg
kommt, die Kaskade Glanz,
und erstarrt ist, Eis,
wie von Sternen herab.

Auf deiner Schläfe
will ich die kleine Zeit
leben, vergeßlich, lautlos
wandern lassen
mein Blut durch dein Herz.

Mit deiner Stimme
bis in die Nacht
redet der Weidenbusch, Lichter
fliegen um ihn.
Hoch, eine Wasserblume
fährt durch die Finsternis.
Mit seinen Tieren
atmet der Fluß.

In den Kalmus
trage ich mein geflochtenes Haus.
Die Schnecke
unhörbar
geht über mein Dach.
Eingezeichnet
in meine Handflächen
finde ich dein Gesicht.

PAUL CELAN

1920-1970

Die Jahre von dir zu mir

Wieder wellt sich dein Haar, wenn ich wein. Mit dem
Blau deiner Augen
deckst du den Tisch unsrer Liebe: ein Bett zwischen
Sommer und Herbst.
Wir trinken, was einer gebraut, der nicht ich war,
noch du, noch ein dritter:
wir schlürfen ein Leeres und Letztes.

Wir sehen uns zu in den Spiegeln der Tiefsee und reichen
uns rascher die Speisen:

die Nacht ist die Nacht, sie beginnt mit dem Morgen,
sie legt mich zu dir.

Vor dein spätes Gesicht,
allein-
gängerisch zwischen
auch mich verwandelnden Nächten,
kam etwas zu stehn,
das schon einmal bei uns war, un-
berührt von Gedanken.

Auf überregneter Fährte
die kleine Gauklerpredigt der Stille.
Es ist, als könntest du hören,
als liebt ich dich noch.

Die Liebe, zwangsjackenschön,
hält auf das Kranichpaar zu.

Wen, da er durchs Nichts fährt,
holt das Veratmete hier
in eine der Welten herüber?

Sink mir weg
aus der Armbeuge,

nimm den Einen
Pulsschlag mit,

verbirg dich darin,
draußen.

Ich kann dich noch sehn: ein Echo,
ertastbar mit Fühl-
wörtern, am Abschiedsgrat.

Dein Gesicht scheut leise,
wenn es auf einmal

lampenhaft hell wird
in mir, an der Stelle,
wo man am schmerzlichsten Nie sagt.

ERICH FRIED

1921-1988

Aber wieder

Aber
du bist wiedergekommen
Du
bist wieder
gekommen

Du
du bist
du bist wieder
Ich bin wieder
weil du bist

Du bist gekommen
du
wieder
und immer wieder
wieder du

Du
du
du und ich
immer wieder
und wieder

Lust

Nähe
und Wärme
und Duft
von offenem Schoß
und von Samen
Kein Tier
das jetzt traurig wäre
das heuchelte
oder
sich schämte

Fester Vorsatz

Denn wir wollen uns
nicht nur herzen
sondern auch munden
und hauten und haaren
und armen und brüsten und bauchen
und geschlechten
und wieder handen und fußen

Eros, Allsieger im Kampf

Am Fuß des Älterwerdens
Lust größer als Schönheit
Kraft geringer als Lust
Und Eros lächelt

Am Hang des Alterns
Sehnsucht größer als Lust
Lust größer als Angst
Und Eros lächelt

Am Absturz des Alters
Angst größer als Sehnsucht
Müdigkeit größer als Angst
Und Eros schäumt von Gelächter

INGE MÜLLER

1925-1966

Meine Liebe

Sie war immer ganz
Sie hat mich zerrissen
Sie hat mir Namen gegeben
Ich hab die Namen vergessen.

Nacht

So leg ich mich zu dir die Erde am Ohr
Da kommt der Mond vor
Und legt dir zwei Fingerbreit Silber aufs Haar
Bleiben uns zwei fünf vierzig Jahr
Und der Mond und die Erde?
Über uns Mond
Unter uns Stein
Zu Sand gemahlen Berge und Bein
Formeln im Völkergrab
Daß ich dich liebhab
Wird es zu lesen sein
In Blätter gestanzt
Ins Meer gepflanzt
In den Wind geschrieben
Wenn alle lieben.

INGEBORG BACHMANN

1926-1973

Schatten Rosen Schatten

Unter einem fremden Himmel
Schatten Rosen
Schatten
auf einer fremden Erde
zwischen Rosen und Schatten
in einem fremden Wasser
mein Schatten

Mein Vogel

Was auch geschieht: die verheerte Welt
sinkt in die Dämmrung zurück,
einen Schlaftrunk halten ihr die Wälder bereit,
und vom Turm, den der Wächter verließ,
blicken ruhig und stet die Augen der Eule herab.

Was auch geschieht: du weißt deine Zeit,
mein Vogel, nimmst deinen Schleier
und fliegst durch den Nebel zu mir.

Wir äugen im Dunstkreis, den das Gelichter bewohnt.
Du folgst meinem Wink, stößt hinaus
und wirbelst Gefieder und Fell –

Mein eisgrauer Schultergenoß, meine Waffe,
mit jener Feder besteckt, meiner einzigen Waffe!
Mein einziger Schmuck: Schleier und Feder von dir.

Wenn auch im Nadeltanz unterm Baum
die Haut mir brennt
und der hüfthohe Strauch
mich mit würzigen Blättern versucht,
wenn meine Locke züngelt,
sich wiegt und nach Feuchte verzehrt,
stürzt mir der Sterne Schutt
doch genau auf das Haar.

Wenn ich vom Rauch behelmt
wieder weiß, was geschieht,
mein Vogel, mein Beistand des Nachts,
wenn ich befeuert bin in der Nacht,
knistert's im dunklen Bestand,
und ich schlage den Funken aus mir.

Wenn ich befeuert bleib wie ich bin
und vom Feuer geliebt,
bis das Harz aus den Stämmen tritt,
auf die Wunden träufelt und warm
die Erde verspinnt,
(und wenn du mein Herz auch ausraubst des Nachts,
mein Vogel auf Glauben und mein Vogel auf Treu!)
rückt jene Warte ins Licht,
die du, besänftigt,
in herrlicher Ruhe erfliegst –
was auch geschieht.

Reigen

Reigen – die Liebe hält manchmal
im Löschen der Augen ein,
und wir sehen in ihre eignen
erloschenen Augen hinein.

Kalter Rauch aus dem Krater
haucht unsre Wimpern an;
es hielt die schreckliche Leere
nur einmal den Atem an.

Wir haben die toten Augen
gesehn und vergessen nie.
Die Liebe währt am längsten
und sie erkennt uns nie.

Bruderschaft

Alles ist Wundenschlagen,
und keiner hat keinem verziehn.
Verletzt wie du und verletzend,
lebte ich auf dich hin.

Die reine, die Geistberührung,
um jede Berührung vermehrt,
wir erfahren sie alternd,
ins kälteste Schweigen gekehrt.

GÜNTER KUNERT

geb. 1929

Kleines Gedicht

Nun strafft sich alles wieder,
was schlaff gewesen ist:
gewiß das Glied der Glieder
für eine kurze Frist.

O kurze Frist der Liebe,
da man sich selbst vergißt
und nur mit seinem Triebe
die Zeitlichkeit durchmißt.

Widmung für M.

Mehr als Gedichte wiegt, wie wir zusammen leben,
vereint in einem Dasein Tag und Nacht:
so brennt ein Licht, von Schatten rings umgeben,
die es doch heller durch sein Leuchten macht.

Wohl sind wir Tiere, die sich selbst dressieren,
kurzfristiger Bestand aus Fleisch und Bein,
und doch: das eine Leben, das wir beide führen,
für tausend reichte es zum Glücklichsein.

SARAH KIRSCH

geb. 1935

Ich bin sehr sanft nenn
mich Kamille
meine Finger sind zärtlich baun
Kirchen in deiner Hand meine Nägel
Flügelschuppen von Engeln liebkosen ich bin
der Sommer der Herbst selbst der Winter im Frühling
möchte ich bei dir sein du
zeigst mir das Land wir gehn
von See zu See da braucht es
ein langes glückliches Leben
die Fische sind zwei
die Vögel baun Nester wir
stehn auf demselben Blatt

Ich wollte meinen König töten

Ich wollte meinen König töten
Und wieder frei sein. Das Armband
Das er mir gab, den einen schönen Namen
Legte ich ab und warf die Worte
Weg die ich gemacht hatte: Vergleiche
Für seine Augen die Stimme die Zunge
Ich baute leergetrunkene Flaschen auf
Füllte Explosives ein – das sollte ihn
Für immer verjagen. Damit

Die Rebellion vollständig würde
Verschloß ich die Tür, ging
Unter Menschen, verbrüderte mich
In verschiedenen Häusern – doch
Die Freiheit wollte nicht groß werden
Das Ding Seele dies bourgeoise Stück
Verharrte nicht nur, wurde milder
Tanzte wenn ich den Kopf
An gegen Mauern rannte. Ich ging
Den Gerüchten nach im Land die
Gegen ihn sprachen, sammelte
Drei Bände Verfehlungen eine Mappe
Ungerechtigkeiten, selbst Lügen
Führte ich auf. Ganz zuletzt
Wollte ich ihn einfach verraten
Ich suchte ihn, den Plan zu vollenden
Küßte den andern, daß meinem
König nichts widerführe

Die Luft riecht schon nach Schnee

Die Luft riecht schon nach Schnee, mein Geliebter
Trägt langes Haar, ach der Winter, der Winter, der uns
Eng zusammenwirft steht vor der Tür, kommt
Mit dem Windhundgespann. Eisblumen
Streut er uns ans Fenster, die Kohlen glühen im Herd, und
Du Schönster Schneeweißer legst mir deinen Kopf
in den Schoß
Ich sage das ist

Der Schlitten der nicht mehr hält, Schnee fällt uns
Mitten ins Herz, er glüht
Auf den Aschekübeln im Hof Darling flüstert die Amsel

Nördlicher Juni

Die Nächte haben ihre
Eigenschaften verloren:
Weiße Stufen die
Horizonte mit
Rostroten Tüchern.

Wer hier hinaufspringt
Kann glücklich werden.
Dreimal rufe ich dich aber
Du bist nicht
Auf Erden.

Wintermusik

Bin einmal eine rote Füchsin ge-
Wesen mit hohen Sprüngen
Holte ich mir was ich wollte.

Grau bin ich jetzt grauer Regen.
Ich kam bis nach Grönland
In meinem Herzen.

An der Küste leuchtet ein Stein
Darauf steht: Keiner kehrt wieder.
Der Stein verkürzt mir das Leben.

Die vier Enden der Welt
Sind voller Leid. Liebe
Ist wie das Brechen des Rückgrats.

Von dem mittelalterlichen anonymen *Dû bist mîn, ich bin dîn* ... bis zur Jetztzeit, zu Sarah Kirschs *Liebe / Ist wie das Brechen des Rückgrats*, habe ich die für mich schönsten Liebesgedichte ausgewählt.

Das spröde, doppelbödige, vielschichtige, abgründige, heiter-sinnliche Spiel mit den Worten löst sich aus dem starren Leib der Sprache. Zur Sprache gebracht in den Gedichten: Liebesglück, Liebesklage, Liebesverlust; Küsse und Trauer, Gier und Alleinsein, Nähe, Traum, Aggression, Verlorenheit, Schmerz, Überschwang der Gefühle, Sehnsucht, Leid, Verlangen, Verletzung, Einsamkeit in der Zweisamkeit.

Die schönsten Liebesgedichte? Mancher wird sein schönstes nicht finden in diesem Bändchen, wird mehr vermissen. Ich bekenne mich zur Intimität der Auswahl, die nicht auf Abfolge der Stile, auf epochale Zusammenhänge, Ausgewogenheit und Gerechtigkeit aus ist, sondern ausschließlich meiner Liebe, meiner Vorliebe folgt.

Lieben und Vorlieben verändern sich im Laufe eines Lebens. Mit dreißig hätte ich eine andere Wahl getroffen. Das Entdecken, Verweilen, Sich-fesseln-Lassen von der Magie der Worte, alles wäre anders gewesen. Spracherfahrungen sind auch Lebenserfahrungen.

Freilich: Vieles ist auch geblieben und findet sich im vorliegenden Bändchen ein: Paul Flemings »An die Nacht, als er bei ihr wachete«, Verse von Johann Christian Günther, die der Lasker-Schüler, der Sarah Kirsch; Brechts »Liebeslieder«, Rilkes »Östliches Taglied«, die »Römischen Elegien«. Dichtungen, mit denen ich lebte und lebe, deren Zeilen, Strophen ich gleichsam herausgebrochen und meinem Leben eingepflanzt habe – jeder Leser wird diesen Vorgang aus eigener Erfahrung kennen.

Anderes ist neu, da das Gefühl für das Nicht-Diskursive, das Schweigen der Sprache gewachsen ist, auch für Schmerz, das Stärkerwerden durch Schmerz und das Gespür für die Narben, die die Geschichte hinterließ, die deutsche, in den letzten fünfzig Jahren in diesen Gedichten über die Liebe. In den bitter-zauberischen der Nelly Sachs, den flügelhaft leichten der Hilde Domin oder in den späten, eigenwilligen Sprachverdichtungen eines Paul Celan. In seltsamer Weise führen sie mich auf Pfaden zurück zu Hölderlin und Andreas Gryphius und weiter bis zu den Ursprüngen.

Die für dieses Buch gewählten Liebesgedichte habe ich in zweiundsiebzig Werk- und Einzelausgaben der Dichterinnen und Dichter gefunden. Ich danke meinem Sohn Tobias Damm, der die Gedichte aus diesen Büchern mit dem Computer erfaßt, bearbeitet und mir ein neues Manuskript geschaffen hat.

Wenn das Buch mit dem Paar von Gustav Klimt auf dem Umschlag erscheinen wird, wünschte ich, daß es in Handschuhablagen von Autos, Aktenkoffern, Handtaschen, Studentenrucksäcken, neben Schlafplätzen, Bildschirmen und Computertastaturen zu liegen käme. Ein Gebrauchsbüchlein, ein Vademecum.

Griffbereit, um darin zu blättern, von einer Zeile, einem Vers, einer Strophe ergriffen zu werden, dem Dunst von Gewöhnung und Alltag zu entkommen; Ruhe kommt nicht von selbst, es muß nach ihr gegriffen werden. Im zeitlosen Moment im Autostau, nach Stunden vor dem Bildschirm, Surfen im Internet, der virtuellen Überreizung unseres Lebens: der Blick, der Augen-Blick auf die traditionellen schwarzen kleinen Lettern. Und im anhaltenden Augen-Blick auf die Formstrenge, Reimanordnungen, Rhythmen, Hebungen, Senkungen, den syntaktischen Fluß der Sprache beginnen in uns die Bilder, beginnen die Metaphern zu leben, und die Verdopplung in Worten wird zum Überfluß, wenn die Topographie unseres Lebens, eines erinnerten oder erträumten, noch zu lebenden Lebens aufgerufen ist.

Nehmen wir diese Liebesgedichte, diese Hommage an das Leben, für uns als Rätsel, um die eigene Psyche zu entschlüsseln, als Echo unserer Sehnsüchte, als geheime kleine Geschenke noch einzulösender Glückszettel.

Was allein macht uns denn notwendig als die Liebe? Und sind Liebesgedichte nicht die reinste und notwendigste aller Wirklichkeiten; wie die Liebe selbst? *So scheint die Liebe Liebenden ein Halt.*

Berlin, im Hochsommer 1996 *Sigrid Damm*

QUELLENNACHWEISE

ANGELUS SILESIUS (JOHANNES SCHEFFLER) (1624-1677)
Je liebender, je seliger, S. 29
Aus: Angelus Silesius, Cherubinischer Wandersmann. Eingeleitet von Will-Erich Peuckert. Sammlung Dieterich, Leipzig 1939.

ANONYM
Dû bist mîn, ich bin dîn, S. 9
Aus: Des Minnesangs Frühling. Nach Karl Lachmann, Moritz Haupt und Friedrich Voigt neu bearbeitet von Carl von Kraus. Unveränderter Nachdruck. S. Hirzel Verlag, Stuttgart 1967.
Chume, chume, geselle min, S. 12
Aus: Carmina Burana. Die Gedichte des Codex Buranus. Lateinisch und deutsch. Aus dem Lateinischen von Carl Fischer. Übertragung der mittelhochdeutschen Texte von Hugo Kuhn. Artemis Verlag, Zürich und München 1974.
Willst du dein Herz mir schenken, S. 27
Aus: Ewiger Vorrat deutscher Poesie. Herausgegeben von Rudolf Borchardt. Klett-Verlag, Stuttgart 1956.

INGEBORG BACHMANN (1926-1973)
Schatten Rosen Schatten, S. 161; Mein Vogel, S. 161; Reigen, S. 163; Bruderschaft, S. 163
Aus: Ingeborg Bachmann, Werke. Herausgegeben von Christine Koschel, Inge von Weidenbaum und Clemens Münster. Band 1: Gedichte. © 1978 Piper Verlag GmbH, München.

GOTTFRIED BENN (1886-1956)
Mann und Frau gehen durch die Krebsbaracke, S. 117; Dir auch –:, S. 118
Aus: Gottfried Benn, Sämtliche Werke. Stuttgarter Ausgabe. Band I: Gedichte 1. In Verbindung mit Ilse Benn herausgegeben von Gerhard Schuster. © Klett-Cotta, Stuttgart 1986.

JOHANNES BOBROWSKI (1917-1965)
Liebesgedicht, S. 151; Einmal haben, S. 152; Mit deiner Stimme, S. 153
Aus: Johannes Bobrowski, Gesammelte Werke in sechs Bänden. Band 1: Die Gedichte. Herausgegeben von Eberhard Haufe. © 1998 Deutsche Verlags-Anstalt, München, in der Verlagsgruppe Random House GmbH.

BERTOLT BRECHT (1898-1956)

Die Liebenden, S. 135; Liebeslieder, S. 136; Das elfte Sonett, S. 138; Liebesunterricht, S. 138; Der Liebende nicht geladen, S. 139; Schwächen, S. 139

Aus: Bertolt Brecht, Die Gedichte in einem Band. © dieser Ausgabe Suhrkamp Verlag Frankfurt am Main 1981.

CLEMENS BRENTANO (1778-1842)

Ich weiß, S. 61; Hörst du, wie die Brunnen rauschen, S. 61

Aus: Clemens Brentano, Werke. Herausgegeben von Wolfgang Frühwald, Bernhard Gajek und Friedhelm Kemp. Carl Hanser Verlag, München 1968.

GOTTFRIED AUGUST BÜRGER (1747-1794)

Gabriele, S. 35

Aus: Gottfried August Bürger, Sämtliche Werke. Herausgegeben von August Wilhelm Bohtz. Verlag der Dieterichschen Buchhandlung, Göttingen 1835.

PAUL CELAN (1920-1970)

Die Jahre von dir zu mir, S. 154; Vor dein spätes Gesicht, S. 154; Auf überregneter Fährte, S. 155; Die Liebe, zwangsjackenschön, S. 155; Sink mir weg, S. 155; Ich kann dich noch sehn: ein Echo, S. 155

Aus: Paul Celan, Gesammelte Werke in fünf Bänden. Herausgegeben von Beda Allemann und Stefan Reichert unter Mitwirkung von Rudolf Bücher. © Suhrkamp Verlag Frankfurt am Main 1983.

ADELBERT VON CHAMISSO (1781-1838)

Frauen-Liebe und -Leben, S. 68

Aus: Adelbert von Chamisso, Werke in zwei Bänden. Herausgegeben von Werner Feudel und Christel Laufer. Insel Verlag Leipzig 1981.

MATTHIAS CLAUDIUS (1740-1815)

Der Tod und das Mädchen, S. 34

Aus: Matthias Claudius, Der Mond ist aufgegangen. Gedichte und Prosa. Eine Auswahl von Reinhard Görisch. Insel Verlag Frankfurt am Main und Leipzig 1998.

SIMON DACH (1605-1659)

Ännchen von Tharau, S. 17; Multa meum gaudia pectus agunt, S. 18; Mai-Liedchen, S. 20

Aus: Simon Dach, Gedichte. Herausgegeben von W. Ziesemer. Niemeyer Verlag, Halle/S. 1937. Und aus: Gedichte des Königsberger Dichterkreises aus Heinrich Alberts Arien und musicalischer Kürbshütte. Herausgegeben von L. H. Fischer. Niemeyer Verlag, Halle/S. 1889.

HILDE DOMIN (1909-2006)

Magere Kost, S. 146

Aus: Hilde Domin, Rückkehr der Schiffe. © S. Fischer Verlag GmbH, Frankfurt am Main 1962.

Änderungen, S. 147

Aus: Hilde Domin, Ich will Dich. © S. Fischer Verlag GmbH, Frankfurt am Main 1992.

Einhorn, S. 147

Aus: Hilde Domin, Hier. Gedichte. © S. Fischer Verlag GmbH, Frankfurt am Main 1990.

ANNETTE VON DROSTE-HÜLSHOFF (1797-1848)

An Levin Schücking, S. 73

Aus: Annette von Droste-Hülshoff, Liebesgedichte. Ausgewählt von Werner Fritsch. Insel Verlag Frankfurt am Main und Leipzig 2003.

GÜNTER EICH (1907-1972)

Dezembermorgen, S. 144; Tango, S. 145

Aus: Günter Eich, Sämtliche Gedichte. Herausgegeben von Jörg Drews. © Suhrkamp Verlag Frankfurt am Main 2006.

JOSEPH FREIHERR VON EICHENDORFF (1788-1857)

Frühlingsnacht, S. 71; Das zerbrochene Ringlein, S. 71

Aus: Joseph von Eichendorff, Sämtliche Gedichte und Versepen. Herausgegeben von Hartwig Schultz. Insel Verlag Frankfurt am Main und Leipzig 2005.

PAUL FLEMING (1609-1640)

An die Nacht, als er bei ihr wachete, S. 22; Wie er wolle geküsset sein, S. 23

Aus: Paul Flemings Deutsche Gedichte. Herausgegeben von J. M. Lappenberg. Bibliothek des Literarischen Vereins in Stuttgart, 1865. Nachdruck Wissenschaftliche Buchgesellschaft, Darmstadt 1965.

ERICH FRIED (1921-1988)

Aber wieder, S. 157

Aus: Erich Fried, Liebesgedichte. © Verlag Klaus Wagenbach, Berlin 1979.

Lust, S. 158

Aus: Erich Fried, Lebensschatten. © Verlag Klaus Wagenbach, Berlin 1981.

Fester Vorsatz, S. 158

Aus: Erich Fried, Es ist was es ist. © Verlag Klaus Wagenbach, Berlin 1983.

Eros, Allsieger im Kampf, S. 159

Aus: Erich Fried, Um Klarheit. © Verlag Klaus Wagenbach, Berlin 1985.

STEFAN GEORGE (1868-1933)

Ich darf so lange nicht am tore lehnen, S. 97; Wenn ich heut nicht deinen leib berühre, S. 98

Aus: Stefan George, Sämtliche Werke in 18 Bänden. Herausgegeben von der Stefan-George-Stiftung, Stuttgart. Band 2 und 3. Klett-Cotta, Stuttgart 1987 und 1991.

JOHANN WOLFGANG VON GOETHE (1749-1832)

Woher sind wir geboren?, S. 39; Der König in Thule, S. 39; Warum gabst du uns die tiefen Blicke, S. 40; An den Mond, S. 42; In tausend Formen, S. 44; Gingo biloba, S. 45; Nähe des Geliebten, S. 45; Selige Sehnsucht, S. 46; Froh empfind' ich mich nun, S. 47

Aus: Johann Wolfgang Goethe, Sämtliche Werke. Briefe, Tagebücher und Gespräche. 40 Bände. Deutscher Klassiker Verlag Frankfurt am Main 1987 ff.

ANDREAS GRYPHIUS (1616-1664)

An Eugenien, S. 24

Aus: Andreas Gryphius, Lyrische Gedichte. Herausgegeben von Hermann Palm. Bibliothek des Literarischen Vereins in Stuttgart, 1884.

KAROLINE VON GÜNDERRODE (1780-1806)

Liebe, S. 67; Hochrot, S. 67

Aus: Karoline von Günderrode, Der Schatten eines Traumes. Gedichte, Prosa, Briefe. Herausgegeben und mit einem Essay versehen von Christa Wolf. Buchverlag Der Morgen, Berlin 1979.

JOHANN CHRISTIAN GÜNTHER (1695-1723)

Das Feld der Lüste, S. 30; An seine Schöne, S. 30; Die verworfene Liebe, S. 32

Aus: Johann Christian Günther, Sämtliche Werke. Historisch-kritische Gesamtausgabe. Herausgegeben von Wilhelm Krämer. K. W. Hiersemann Verlag, Leipzig 1930 ff.

HEINRICH HEINE (1797-1856)

Ich weiß nicht, was soll es bedeuten, S. 75; Mein süßes Lieb, wenn du im Grab, S. 76; Ein Jüngling liebt ein Mädchen, S. 77; Wenn ich in deine Augen seh, S. 77; Worte! Worte! Keine Taten!, S. 78; Der Tod, das ist die kühle Nacht, S. 79

Aus: Heinrich Heine, Sämtliche Gedichte in einem Band. Herausgegeben von Klaus Briegleb. Insel Verlag Frankfurt am Main und Leipzig 1992.

HERMANN HESSE (1877-1962)

Im Nebel, S. 112

Aus: Hermann Hesse, Die Gedichte. © dieser Ausgabe Suhrkamp Verlag Frankfurt am Main 1992.

GEORG HEYM (1887-1912)

Abends, S. 122; Deine Wimpern, die langen, S. 123

Aus: Georg Heym, Dichtungen und Schriften. Gesamtausgabe. Herausgegeben von Karl Ludwig Schneider. Ellermann Verlag, Hamburg/München 1964.

CHRISTIAN HOFMANN VON HOFMANNSWALDAU (1617-1679)

Die Wollust, S. 25

Aus: Zweite Schlesische Schule. Herausgegeben von F. Bobertag. Spemann Verlag, Berlin/Stuttgart o. J.

HUGO VON HOFMANNSTHAL (1874-1929)

Weltgeheimnis, S. 104

Aus: Hugo von Hofmannsthal, Die Gedichte. Herausgegeben von Hansgeorg Schmidt-Bergmann. Insel Verlag Frankfurt am Main und Leipzig 2000.

FRIEDRICH HÖLDERLIN (1770-1843)

Lebenslauf, S. 49; Sokrates und Alcibiades, S. 49; Der Abschied, S. 50; Hälfte des Lebens, S. 51; Menons Klagen um Diotima, S. 51

Aus: Friedrich Hölderlin, Sämtliche Werke. Drei Bände. Herausgegeben von Jochen Schmidt. Deutscher Klassiker Verlag Frankfurt am Main 1992.

RICARDA HUCH (1864-1947)

Was für ein Feuer, o was für ein Feuer, S. 95; Uralter Worte kundig kommt die Nacht, S. 95

Aus: Ricarda Huch, Gesammelte Werke. Herausgegeben von Wilhelm Emrich. Verlag Kiepenheuer & Witsch, Köln 1971.

PETER HUCHEL (1903-1981)

Von Nacht übergraut, S. 143

Aus: Peter Huchel, Die Sternenreuse. In: Gesammelte Werke in zwei Bänden. Herausgegeben von Axel Vieregg. Band 1: Die Gedichte. Suhrkamp Verlag Frankfurt am Main 1984. Abdruck mit freundlicher Genehmigung von Roger Melis.

MARIE LUISE KASCHNITZ (1901-1974)

Du sollst nicht, S. 140; Wirtshausnacht, S. 141; Ad infinitum, S. 141
Aus: Marie Luise Kaschnitz, Gesammelte Werke in sieben Bänden. Band 5: Die Gedichte. Herausgegeben von Christian Büttrich und Norbert Miller. Für diese Ausgabe: © Insel Verlag Frankfurt am Main 1985. Für »Du sollst nicht«: © Iris Schnebel-Kaschnitz.

SARAH KIRSCH (GEB. 1935)

Ich bin sehr sanft, S. 165; Ich wollte meinen König töten, S. 165; Die Luft riecht schon nach Schnee, S. 166; Nördlicher Juni, S. 167; Wintermusik, S. 167
Aus: Sarah Kirsch, Sämtliche Gedichte. © 2005 Deutsche Verlags-Anstalt, München, in der Verlagsgruppe Random House GmbH.

GERTRUD KOLMAR (1894-1943)

Die Verlassene, S. 132
Aus: Gertrud Kolmar, Das lyrische Werk. Gedichte 1927-1937. Herausgegeben von Regina Nörtemann. Wallstein Verlag, Göttingen 2003. © Suhrkamp Verlag Frankfurt am Main.

KARL KROLOW (1915-1999)

Gewicht der Welt, S. 148; Ich dachte, S. 148; Das Unbeschreibliche, S. 149; Liebesgedicht, S. 150
Aus: Karl Krolow, Gesammelte Gedichte. Band 1-4. © Suhrkamp Verlag Frankfurt am Main 1997.

GÜNTER KUNERT (GEB. 1929)

Kleines Gedicht, S. 164; Widmung für M., S. 164
Aus: Günter Kunert, Warnung vor Spiegeln. Gedichte. © 1970 Carl Hanser Verlag, München.

ELSE LASKER-SCHÜLER (1869-1945)

Mein Liebeslied, S. 99; Abschied, S. 100; In deinen Augen, S. 101
Aus: Else Lasker-Schüler, Sämtliche Gedichte in einem Band. Herausgegeben von Karl Jürgen Skrodzki. © Jüdischer Verlag im Suhrkamp Verlag Frankfurt am Main 2004.

NIKOLAUS LENAU (1802-1850)

Schilflieder, S. 86

Aus: Nikolaus Lenau, Liebesgedichte. Ausgewählt von Wilfrid Lutz. Insel Verlag Frankfurt am Main und Leipzig 2002.

JAKOB MICHAEL REINHOLD LENZ (1751-1792)

Fühl alle Lust fühl alle Pein, S. 37; Urania, S. 37; Aus ihren Augen lacht die Freude, S. 38

Aus: Jakob Michael Reinhold Lenz, Werke und Briefe in drei Bänden. Herausgegeben von Sigrid Damm. Insel Verlag Frankfurt am Main und Leipzig 1992.

DETLEV VON LILIENCRON (1844-1909)

Einen Sommer lang, S. 93; Früh am Tage, S. 94

Aus: Detlev von Liliencron, Gesammelte Werke. Herausgegeben von Richard Dehmel. Verlag Schuster & Loeffler, Berlin 1921.

OSKAR LOERKE (1884-1941)

Nachtmusik, S. 116

Aus: Oskar Loerke, Gedichte und Prosa. Herausgegeben von Peter Suhrkamp. Suhrkamp Verlag Frankfurt am Main 1958.

FRIEDRICH VON LOGAU (1604-1655)

Wie willst du weiße Lilien, S. 16

Aus: Friedrich von Logau, Sämtliche Sinngedichte. Herausgegeben von Gustav Eitner. Tübingen 1872. Nachdruck Georg Olms Verlag, Hildesheim 1974.

CONRAD FERDINAND MEYER (1825-1898)

Stapfen, S. 91

Aus: Conrad Ferdinand Meyer, Sämtliche Werke. Historisch-kritische Ausgabe. Herausgegeben von Hans Zeller und Alfred Zäch. Benteli Verlag, Bern 1963.

CHRISTIAN MORGENSTERN (1874-1929)

Schauder, S. 102; Du bist mein Land, S. 102; Es ist Nacht, S. 103

Aus: Christian Morgenstern, Alle Galgenlieder. Insel Verlag Frankfurt am Main 1972.

EDUARD MÖRIKE (1804-1875)

Peregrina, S. 80; Nimmersatte Liebe, S. 85

Aus: Eduard Mörike, Sämtliche Gedichte in einem Band. Herausgegeben von Bernhard Zeller. Insel Verlag Frankfurt am Main und Leipzig 2001.

INGE MÜLLER (1925-1966)

Meine Liebe, S. 160; Nacht, S. 160

Aus: Inge Müller, Irgendwo; noch einmal möcht ich sehn. Lyrik, Prosa, Tagebücher. Mit Beiträgen zu ihrem Werk. © Aufbau Verlag GmbH 38; Co. KG, Berlin 1996 (die Originalausgabe erschien 1996 im Aufbau-Verlag; Aufbau ist eine Marke der Aufbau Verlag GmbH 38; Co. KG).

NOVALIS (FRIEDRICH VON HARDENBERG) (1772-1801)

Hymnen an die Nacht, S. 59; Walzer, S. 60

Aus: Novalis, Werke, Tagebücher und Briefe. Herausgegeben von Hans-Joachim Mähl und Richard Samuel unter Mitwirkung von Agathe Jais. Carl Hanser Verlag, München 1978.

MARTIN OPITZ (1597-1639)

Lied, S. 14; Itzund kommt die Nacht herbei, S. 14

Aus: Komm, Trost der Nacht, o Nachtigall. Deutsche Gedichte aus dem 17. Jahrhundert. Herausgegeben von Horst Hartmann. Verlag Philipp Reclam jun., Leipzig 1977.

JOACHIM RINGELNATZ (1883-1934)

Ich habe dich so lieb, S. 113; Ferngruß von Bett zu Bett, S. 114

Aus: Joachim Ringelnatz, Liebesgedichte. Ausgewählt von Günter Stolzenberger. Insel Verlag Frankfurt am Main und Leipzig 2005.

RAINER MARIA RILKE (1875-1926)

Liebes-Lied, S. 107; Lösch mir die Augen aus: ich kann dich sehn, S. 107; Östliches Taglied, S. 108; An Lou Andreas-Salomé, S. 109; Wir, in den ringenden Nächten, S. 110; Lied, S. 111

Aus: Rainer Maria Rilke, Die Gedichte. Insel Verlag Frankfurt am Main 1986.

NELLY SACHS (1891-1970)

Ich bin meinem Heimatrecht auf der Spur, S. 130; Linie wie, S. 130; Abgewandt, S. 131

Aus: Nelly Sachs, Gedichte. Herausgegeben und mit einem Nachwort versehen von Hilde Domin. © Suhrkamp Verlag Frankfurt am Main 1992.

FRIEDRICH VON SCHLEGEL (1772-1829)

Erscheinung, S. 58

Aus: Das unendliche Sehnen. Gedichte. Ausgewählt von Alfred Gerz. Verlag Rütten & Loening, Potsdam o. J.

KURT SCHWITTERS (1887-1948)

An Anna Blume, S. 120

Aus: Kurt Schwitters, Das gesamte literarische Werk. Herausgegeben von Friedhelm Lach. © DuMont Literatur und Kunst Verlag, Köln 1973.

ERNST STADLER (1883-1914)
In diesen Nächten, S. 115
Aus: Ernst Stadler, Der Aufbruch. Gedichte. Shaker Verlag, Aachen 1997.
THEODOR STORM (1817-1888)
Wer je gelebt in Liebesarmen, S. 89; Hyazinthen, S. 89; Die Nachtigall, S. 90
Aus: Theodor Storm, Gedichte. Herausgegeben von Gottfried Honnefelder. Insel Verlag Frankfurt am Main 1983.
AUGUST STRAMM (1874-1915)
Trieb, S. 106
Aus: August Stramm, Das Werk. Herausgegeben von René Radrizzani. Limes Verlag, Wiesbaden 1963.
GEORG TRAKL (1887-1914)
Der Herbst des Einsamen, S. 126; Traumwandler, S. 127
Aus: Georg Trakl, Dichtungen und Briefe. Historisch-kritische Ausgabe. Herausgegeben von Walther Killy und Hans Szklenar. Band 1. Georg Müller Verlag, Salzburg 1969.
KURT TUCHOLSKY (1890-1935)
Sehnsucht nach der Sehnsucht, S. 128
Aus: Kurt Tucholsky, Liebesgedichte. Ausgewählt von Katja Lange-Müller. Insel Verlag Frankfurt am Main und Leipzig 2008.
LUDWIG UHLAND (1787-1862)
Seliger Tod, S. 69; Bauernregel, S. 69; Die Fahrt zur Geliebten, S. 70
Aus: Ludwig Uhland, Ausgewählte Werke. Herausgegeben von Hermann Bausinger. Winkler-Verlag, München 1987.
VOLKSLIED
Ich hört' ein Sichelein rauschen, S. 13; Ach wie ists möglich dann, S. 62
Aus: Deutscher Liederhort. Auswahl der vorzüglichsten Deutschen Volkslieder. Herausgegeben von Ludwig Erk und Franz Böhme. Verlag Breitkopf 38; Härtel, Leipzig 1893/94. Nachdruck Georg Olms Verlag, Hildesheim 1963.
Wenn ich ein Vöglein wär, S. 36
Aus: Stimmen der Völker in Liedern. Herausgegeben von Johann Gottfried Herder. 1778/79.
Es waren zwei Edelkönigs-Kinder, S. 64
Aus: Des Knaben Wunderhorn. Alte deutsche Lieder, gesammelt von

Achim von Arnim und Clemens Brentano. Insel Verlag Frankfurt am Main 1974.

WALTHER VON DER VOGELWEIDE (UM 1170-UM 1230)

Under der linden an der heide, S. 10

Aus: Die Lieder Walthers von der Vogelweide. Herausgegeben von Friedrich Maurer. Max Niemeyer Verlag, Tübingen 1969.

FRANK WEDEKIND (1864-1918)

Ilse, S. 96

Aus: Frank Wedekind, Gesammelte Werke. Georg Müller Verlag, München 1924.

CARL ZUCKMAYER (1896-1977)

Vergängliche Liebe, S. 134

Aus: Carl Zuckmayer, Werkausgabe in zehn Bänden: 1920-1975. © S. Fischer Verlag GmbH, Frankfurt am Main 1976.

INHALT